Eine Pilgerreise zum Ende der Welt

Abenteuer,
ungewöhnliche Erlebnisse
und Legenden vom Jakobsweg

Michael Sohmen

Impressum

© 2017 Michael Sohmen
Buchcover: Michael Sohmen
Herstellung und Verlag: BoD - Books on Demand, Norderstedt

Druckversion 3
Überarbeitete Auflage November 2017
Erste Veröffentlichung Dezember 2014

Kontakt: michael@pilgern-online.de
Internet: http://www.pilgern-online.de

ISBN: 9783746034171

Gestrandet

1. August, St.-Jean-Pied-de-Port

Irgendwo an einer Busstation 5 Uhr morgens in Frankreich oder in Spanien. Genaugenommen habe ich keine Ahnung, wo ich gerade gelandet bin. Der Bus hatte gehalten, der Fahrer sagte etwas durch, ich habe jedoch kein Wort davon verstanden. Um diese Zeit sollte der Fernbus in der baskischen Stadt *San Sebastian* ankommen. Also habe ich mir meinen Rucksack gegriffen und bin ausgestiegen.

Allen Freunden und Verwandten hatte ich erzählt, dass ich den Jakobsweg gehen werde, Spannendes werde ich berichten. Damit entwickelte sich ein ›Point of no return‹. Ein Rückzieher im letzten Moment, das wäre eine Blamage. Also habe ich mich in den Fernbus gesetzt, um ohne Übernachtung zum Anfang des *Camino Francés* zu gelangen.

Mit der technischen Unterstützung, meinem neuen Smartphone und GPS, so die Planung, werde ich den Weg zum Strand finden. Dort warten, bis die Sonne aufgeht und schauen, wie ich weiterkomme. Einzelne Personen sind zu dieser Nachtstunde mit ihrem Hund unterwegs – und eine Gruppe von Halbstarken, die mich in verschiedenen Sprachen begrüßt, mir aber etwas unheimlich erscheint. Südländische Städte haben den Ruf, nachts ein gefährliches Pflaster zu sein. Ich grüße kurz zurück und setze den Weg mit einem schnelleren Schritt durch die Nacht fort.

Die Orientierung mit der technischen Lösung gelingt nicht, daher versuche ich es mit einer anderen Strategie. In zunehmend weiten Kreisen laufen, bis etwas nach Strand aussieht – oder bis ich einen Fluss erreiche, dem ich bis zum Meer folgen kann. Dies funktioniert. Dem Fluss folge ich stromabwärts bis zu einem Sandstrand. Dort lädt mich, passend für ein Frühstück, eine gemütliche Sitzbank ein. Einige Brötchen besitze ich noch, Nektarinen, reichlich Vorrat an Mineralwasser und genieße die Morgendämmerung am Strand. Als geübter Langschläfer sehe ich nach vielen Jahren zum ersten Mal wieder Frühsportler – eine Spezies, die beim ersten Sonnenstrahl schon auf den Beinen ist.

Von *San Sebastian* - inzwischen bin ich sicher, dass ich mich wie geplant dort befinde - gibt es die Möglichkeit, mit dem Zug zum Ausgangspunkt des *Camino Francés* zu fahren. Jedenfalls hatte ich eine Landkarte im Internet gesehen, auf der eine Bahnstrecke nach St.-Jean-Pied-de-Port eingezeichnet ist. Beim Fluss entdecke ich Wegweiser zum Bahnhof, mit deren Hilfe ich die

3

Station ›Euskatren‹ finde. Das ist die baskische Bahn. Am Schalter erfahre ich, ein Zug würde nach *Irun* fahren, dort müsse ich umsteigen und würde mit der französischen Bahn weiterkommen, bis nach *St. Jean*.

In der Grenzstadt *Irun*, kurz hinter der Bahnstation, nehmen Polizisten eine Grenzkontrolle vor. Zwischen Spanien und Frankreich – was ungewöhnlich für EU-Staaten ist. Wo Basken leben, gelten wohl spezielle Sicherheitsregeln.

Vor dem Bahnhofsgebäude sitzen oder liegen einige erschöpfte jüngere Leute. An Rucksäcke gelehnt, einige davon laut schnarchend. Jakobspilger! Also bin ich auf dem richtigen Weg. Eineinhalb Stunden verbleiben bis zur Weiterfahrt, die Zeit ist in der Gesellschaft von Backpackern jedoch recht kurzweilig. Die Polizisten erscheinen wieder, auf einer Patrouille durch das Bahnhofsgebäude kontrollieren sie die Ausweise von zwei Leuten etwas länger – es scheinen Südamerikaner zu sein, ich hatte sie schon während der Busfahrt gesehen. Es stellt sich vermutlich heraus, dass sie keine gültigen Papiere haben. Sie werden abgeführt.

Als ich einen Schluck zu mir genommen habe und meine Wasserflasche wieder im Rucksack verstauen will, platzt dessen Reißverschluss. Die Katastrophe schlechthin, wenn mein Rucksack schon vor Beginn der Wanderung den Geist aufgibt. Oje. Und das, nachdem er schon sieben Jahre lang den fast täglichen Gebrauch durchgehalten hat. Es gelingt mir aber, den Reißverschluss wieder zusammen zu pfriemeln. Kein Drama, alles wieder gut, die Tour ist soweit gerettet – vorerst. Bald fährt auch die Bahn. Mit den anderen Backpackern befinde ich mich im Zug. Zum Startpunkt des *Camino Francés*.

Von Irun aus, der letzten spanischen Stadt an der Grenze zu Frankreich, startet eine andere Variante des Jakobswegs. Der Camino del Norte führt am Meer entlang, an der Küste des Atlantischen Ozeans. Und ist eine eigenständige Route nach Santiago de Compostela, die sich erst kurz vor dem Ziel mit diesem Weg vereint. Es gibt von dort auch eine Abzweigung auf den Camino Primitivo, den ursprünglichen und ältesten Jakobsweg.

In Irun beginnt die Fahrt mit der französischen Bahn zum Fuß der Pyrenäen, führt parallel an einem Gebirgsfluss entlang, teils durch Schluchten mit rauschenden Wildwassern, vorbei an Berghängen, durch dichte Vegetation. Häufig streift das von den Felsen herabhängende Gebüsch die Fenster des Zuges – eine Fahrt durch die Wildnis. Während der komfortablen Reise mit der Bahn genieße ich die Landschaft, sehe unten am Fluss Kanus und Schlauchboote – Paddler, die auf einer Tour durch das Wildwasser in der umgekehrten Richtung unterwegs sind oder gerade am Ufer rasten. Ein landschaftliches Paradies. Durch die Schluchten der Pyrenäen aufwärts zu wandern, das würde ich auch gerne unternehmen.

Kurz vor dem Ziel erscheint eine Brücke, die den Namen ›Pont d'enfer‹ trägt. Von der Legende einer Brücke, die der Teufel erbaut haben soll, hatte ich zuvor gehört. Ihm wurde die Seele von demjenigen versprochen, der zuerst über die Brücke gehen würde, jedoch schickte man stattdessen einen Ziegenbock voraus. Das ist jedoch eine andere Legende – bei dieser Brücke nahe der kleinen Ortschaft *Bidarray* soll sich der Teufel in die Tiefe gestürzt haben. Aus Verzweiflung, da er nicht in der Lage war, die baskische Sprache zu verstehen. Kein Wunder, Baskisch ist eine völlig eigenständige und komplizierte Sprache.

Es gibt weder eine Verwandtschaft mit sonstigen Sprachen auf der iberischen Halbinsel noch mit einer anderen in Europa. Man könnte zu dem Schluss kommen, dass die Basken recht isoliert von anderen Stämmen gelebt haben. Anders als viele Stämme sind sie während der prägenden Zeit der Völkerwanderung bei ihrem angestammten Gebiet geblieben und haben keine Elemente der romanischen Sprachen übernommen.

Der Zug erreicht *St.-Jean-Pied-de-Port*. Ich bin am Ziel meiner Reise. Oder vielmehr, am Anfang.

Die Festung am Ausgangspunkt des Camino Francés ist eine mittelalterliche Verteidigungsanlage, die sich an einem strategisch wichtigen Punkt vor dem Pyrenäenpass befindet. Lange Zeit diente sie zur Sicherung der Grenze des Königreiches Navarra. Der französische Name der Stadt bedeutet ›Fuß des Passes über die Pyrenäen‹, ›St. Jean‹ ist Johannes der Täufer. Im zwölften Jahrhundert wurde diese Festung errichtet, kurz nachdem eine frühere Siedlung namens St.-Jean-le-Vieux, die sich ganz in der Nähe befand, durch König Richard ›Löwenherz‹ von England vollständig ausgelöscht wurde – bis dahin bestand diese Siedlung seit römischer Zeit. Und vor ihrer Zerstörung existierte dort das größte Hospital des Jakobsweges.

Hier, am Fuße des Pyrenäenpasses, bekommt man alles, was ein Pilger braucht: Jakobsmuscheln, Pilgerstöcke, Strohhüte, Anhänger für die Halskette ... vieles davon ist verziert mit der baskischen Rose. Diese sieht einem Symbol in der deutschen Geschichte nicht unähnlich. Den Vergleich will ich lieber nicht weiter ausführen, jedoch ist eine gewisse optische Ähnlichkeit vorhanden.

Zunächst besorge ich mir im Pilgerbüro den Pilgerpass – für die Stempel, die ich auf dem Weg sammeln werde und reserviere mir einen Platz in der Herberge. Diese wurde augenscheinlich komplett neu renoviert, jedenfalls ist sie sehr sauber und äußerst gemütlich. Der Eindruck wird sich auch bei den späteren Unterkünften wiederholen. Nach dem großen Ansturm von Pilgern im Jakobusjahr 2010 scheint einiges in die Infrastruktur der Herbergen investiert worden zu sein.

Etwas fremd fühle ich mich in dieser neuen Umgebung. Den Nachmittag habe ich viel Zeit, die Stadt und die historische Festungsanlage mit der Zitadelle im Zentrum zu erkunden. Ich begebe mich auf die Burganlage, um etwas zu Picknicken, sitzend auf einer Bank genieße ich die Aussicht auf die grüne Pyrenäen-Landschaft. Eine Idylle, die eine unheimlich entspannende Wirkung hat.

Beim Lesen meiner Emails bekomme ich einen Schreck – zwei neue, sehr wichtige Nachrichten, Kunden beschweren sich wegen Programmierfehlern in meiner Software. Und die sollte ich möglichst kurzfristig beheben. Schlimmer hätte es nicht kommen können – zu einem Zeitpunkt, an dem ich die Wanderung noch nicht einmal begonnen habe. Ich hatte mir ein Smartphone angeschafft, um notfalls damit arbeiten zu können, unterwegs. So umständlich das Programmieren über das kleine Touchdisplay so eines Gerätes auch ist – mit einem Laptop hätte ich kaum auf eine mehrwöchige Wanderung gehen können.

Vor der Tour hatte ich einkalkulieren müssen, dass ein ernsthaftes Problem auftauchen könnte, das sich auf diese Weise nicht lösen lässt. Ich müsste die Tour abbrechen und zurückfahren, um das Problem von zuhause zu beheben. Um flexibel zu bleiben, hatte ich auch noch keine Rückreise gebucht – hier und jetzt, bevor ich überhaupt auf den Weg gestartet bin, abbrechen zu müssen, der Gedanke gefällt mir ganz und gar nicht.

Das Vornehmen von Korrekturen mittels Smartphone und das Übertragen von geänderten Dateien hatte sich zuerst schwierig gestaltet, aber vielleicht hat es funktioniert. Telefonat mit einem Kunden, Mitteilung per Email mit dem Anderen – alles scheint in Ordnung zu sein. Die Katastrophe ist abgewendet.

Der Pass über die Pyrenäen

2. August, St.-Jean-Pied-de-Port → Roncesvalles

Morgens um 5 Uhr ist es mit der Nachtruhe in der Herberge vorbei, als die ersten Pilger im Schein von Taschenlampen hektisch mit dem Packen ihrer Rucksäcke beginnen. Zwei Stunden später bin ich der letzte Pilger, der sich bereit macht – ich schalte die Zimmerlampe an und zwei, die noch am Packen sind, äußern sich dankbar, da sie jetzt nicht mehr blind im Dunkeln wühlen müssen. Bei der Übernachtung für 10 Euro ist noch ein kleines Frühstück - Brot, Marmelade und Kaffee - inklusive. Es wird Zeit zu starten.

Der Pfad führt durch die Ortsmitte, von Anfang an mit gut sichtbaren Jakobsmuscheln oder gelben Pfeilen markiert, es folgt ein Anstieg, der durch eine grüne und danach felsige Landschaft führt, bald habe ich die Höhe erreicht. Eine beeindruckend weite Sicht über die Bergkämme der Pyrenäen. Ein Gefühl der Freiheit stellt sich ein. Großartig! *Was war der wichtigste Auslöser, diese Tour zu unternehmen?* - kommt mir in den Sinn. Jahrzehnte ist es her, wir hatten damals mit der Familie eine Mehrtageswanderung in Norwegen unternommen. Vielleicht war es die Idee, einen alternativen Sprachurlaub zu unternehmen? Oder Bücher, die ich über den Weg gelesen habe? Wie als Antwort kommt mir ein altes Gedicht in den Sinn:

> *Die Straße gleitet fort und fort,*
> *Weg von der Tür, wo sie begann,*
> *Weit überland, von Ort zu Ort,*
> *Ich folge ihr, so gut ich kann.*
> *Ihr lauf ich raschen Fußes nach,*
> *Bis sie sich groß und breit verflicht*
> *Mit Weg und Wagnis tausendfach.*
> *Und wohin dann? Ich weiß es nicht.*

Das Gedicht des Hobbits von J.R.R. Tolkien! Tatsächlich - das könnte es sein - die Erinnerung an die Abenteuer des kleinen Helden aus dem Auenland war die eigentliche Motivation, den ersten Schritt zu wagen. Eine sehr abenteuerliche und ereignisreiche Wanderung auf dem Jakobsweg steht mir ebenso bevor.

Auf der ersten Etappe hinauf in die Pyrenäen gelange ich am frühen Vormittag zu einer Hütte mit einer vorgelagerten Terrasse zum Rasten. Die passende Zeit, bei einer Kaffeepause Kräfte zu sammeln. Nach einer weiteren Wanderung aufwärts, in luftigen Höhen, treffe ich mittags auf einen

Wohnwagen, der als Imbiss dient. Dort probiere ich zu einem Kaffee etwas baskischen Schafskäse, der als regionale Spezialität angeboten wird. Der Verkäufer in dem Campinggefährt malt eine Strichliste des Tages an seinen Wagen, die eine Statistik der Nationalitäten der vorbeikommenden Pilger zeigt. Fast alle Länder der EU sind vertreten. Sogar die indische Nation.

Dem Inder begegne ich am nächsten Tag – mich hatte gewundert, wie jemand von dort auf die Idee gekommen war, den Jakobsweg zu gehen. Als ich erfahre, dass er momentan in Madrid studiert, stellt es sich nicht mehr als so abwegig heraus.

An einem Platz in der Höhe sind Marienstatuen aufgestellt. Und dort, wenn man den Felsen weiter erklimmt, wird man durch eine Aussicht auf die Gebirgsketten rundum belohnt. Folgt man fortan dem Weg über den Pass, findet man die Rolandsquelle. Jemand erfrischt sich dort gerade an dem kühlen, frischen Quellwasser – ein Spanier, der im spartanischen Stil wandert, ohne ein Trinkgefäß mitzunehmen. Sicherheitshalber trage ich selbst dagegen 3 Liter Wasser.

Etwas später auf einem Waldweg treffe ich auf eine Familie, die mit einem Kinderwagen die Pyrenäen überquert. Spanier sind wohl etwas anders gestrickt. Die Etappe bis zum nächsten Ort beträgt 27 Kilometer über die Höhen der Pyrenäen. Man überwindet 800 Höhenmeter bis zum höchsten Punkt – auch wenn es eine Erleichterung ist, dass der Anstieg ziemlich gleichmäßig und stetig bergauf führt. Der *Ibañeta-Pass* - seinerzeit hatte diesen auch Napoleon auf seinem Spanienfeldzug für die Überquerung der Pyrenäen mit seinen Truppen gewählt - befindet sich bald auf Wolkenhöhe, jedenfalls hat sich hier dichter Nebel festgesetzt. Nach der Heidelandschaft in der Höhe und einem Rastplatz, an der viele Pilger gerade eine Brotzeit halten, durchquere ich auf einem steilen Pfad abwärts einen dichten Wald und gelange am Ende an einen kleinen Bach.

Dort, vor mir, erhebt sich eine gigantische Klosteranlage aus der Ebene. Roncesvalles! Der Legende nach soll der ruhmreiche Ritter Roland hier sein Ende gefunden haben. Eine bronzene Statue am Fuße des Klosters erinnert an den Helden, der dem Tal seinen Namen gab. Vielleicht sehenswert ist auch der Schrein, in dem eine überdimensionale Krone dem mittelalterlichen Kaiser Karl ›dem Großen‹ gewidmet ist. *Charlemagne*, wie er hier genannt wird.

Das ehemalige Kloster in Roncesvalles dient als Pilgerherberge. Ich lasse meine *Credentials* - den Pilgerausweis - stempeln und verbringe dort die Nacht.

Ritter Roland & die Schlacht bei Roncesvalles

Drei Tage sind vergangen, seit Karl mit seiner Armee aufgebrochen war. Den Feind im Rücken, mussten sie über den Pass und durch schwieriges Gelände. Bis in die dunklen Nächte haben sie Waffen und Nahrung durch dichten Wald transportiert, den kaum ein Sonnenstrahl zu durchdringen vermag. Ein Kraftakt für die erschöpften Männer, unter Aufbietung all ihrer Reserven – eine endlose Karawane aus Trägern und Packpferden hatte sich den steilen Pfad hinauf bis zum Pass gequält, um in der Höhe mit dichtem Nebel konfrontiert zu werden.

Roland, der tapfere Neffe des Königs und ein verlässlicher Ritter ohne jeden Tadel, wurde abgeordnet, mit seinen Paladinen den Rückzug zu decken. Die Mauren könnten versuchen, ihnen während der Überquerung der Pyrenäen in den Rücken zu fallen. Auf dieser Seite des Gebirges und auf der gesamten Iberischen Halbinsel fand Karl, für den es nur Untertanen oder Feinde gab, weder Freunde noch Verbündete.

Mittags endlich erscheinen Späher bei Roland mit der Nachricht, Karls Truppen und die Transportkarawane hätten erfolgreich die Pyrenäen überquert. Keine Feinde sind gesichtet worden, der Weg scheint sicher. Die Nachhut solle sich sammeln und sogleich aufbrechen.

Roland seufzt erleichtert bei der Aussicht, endlich dieses gefährliche Tal verlassen zu dürfen. Seine Fußsoldaten marschieren nun diesen schmalen schlammigen Pfad aufwärts, der durch die Regengüsse der letzten Tage und von den Hufen der Packpferde aufgeweicht wurde. Fast unerträglich ist der Marsch mit Rüstung und Waffen.

Endlich ist eine Anhöhe erreicht. Der steile und an den physischen Kräften zehrende Aufstieg im Regen über den zerfurchten Untergrund, auf dem ihre Füße kaum Halt finden konnten, ist überwunden. Arm- und Beinschienen haben die Ritter abgelegt, für den Marsch wäre der Schutz allzu hinderlich gewesen. Die Helme ebenso – wegen des Nebels, in dem sie kaum noch ihre Hand vor Augen sehen konnten. Ein Platz auf einem Felsen bietet die passende Gelegenheit, um eine Pause einzulegen. Zeit zum Rasten. Eine kleine Mahlzeit wird eingenommen, zum Wärmen etwas Wein, Klatsch und Tratsch.

Die Truppe bricht wieder auf. Zunehmend mühsam setzen die Ritter ihren Weg über einen schmalen schlammigen Pfad fort und folgen Spuren. Unpassierbarer dichter Wald befindet sich auf der rechten Seite, linker Hand gähnt ein Abgrund. Der Ibañeta-Pass. An einer Quelle können die

9

vollkommen erschöpften Männer ihren Durst stillen und sich von Schlamm reinigen.

Der Ruf einer Eule ist zu vernehmen - der sich nach einer menschlichen Stimme anhört, es folgen Schreie aus dem Nebel. Unbekannte Stimmen, in einer unbekannten Sprache. Wilde Männer brechen aus dem nebligen Wald und rennen auf die Truppe des Roland zu, alle mit Speeren bewaffnet und ohne Rüstung. Die erschöpften Franken wird völlig überrascht. Chaos und Verwirrung im dichten Nebel - es ist zu spät, um eine Schlachtordnung zu finden. Bedroht von einer wilden Horde, Männern mit Speeren und Heugabeln, werden die Soldaten in den dicht bewaldeten Abgrund gedrängt. In ihrer Rüstung können die Ritter in diesem Gelände kaum das Gleichgewicht halten. Der Paladin Olivier beschwört seinen Herrn inständig, das fränkische Heer mit dem Signalhorn zu Hilfe zu rufen – der stolze Ritter Roland lehnt ab.

Basken! - Karl hatte sich wahrlich keine Freunde gemacht, als er ihre Festung Pamplona zerstörte - im Morgengrauen haben sie sich an Rolands Truppe vorbei durch den Wald geschlichen, oberhalb des Weges im Wald versteckt und auf einem strategisch günstigen Hügel vor den Augen der königlichen Späher verborgen. Und dort gewartet, um blutige Rache zu üben.

Zwar sind die Basken in der Unterzahl, kennen jedoch in diesem Gelände jeden Winkel. Schnell gewinnen sie die Oberhand.

Die Paladine und einige verbleibende Soldaten halten mit dem Mut der Verzweiflung stand. Die Lage wird jedoch schnell aussichtslos. Hals über Kopf fliehen sie in den steil abfallenden Wald, ihre Verfolger im Rücken, durch dichten Nebel zurück ins Tal. Dort werden sie von weiteren Gegnern überrascht. Sie sind eingekesselt, ein Kampf um Leben und Tod beginnt. Die Niederlage ist absehbar - dennoch geben die Soldaten und Ritter nicht auf. Es geht nur noch darum, ihre Haut so teuer wie möglich zu verkaufen. Möglichst viele Feinde mit in den Tod zu nehmen.

Rücken an Rücken kämpfen die letzten Überlebenden. Bis zur völligen Erschöpfung. Der Kampf ist verloren. Es geht nur noch um Ruhm und Ehre.

Auf Drängen seines treuen Begleiters - Bischof Turpin - stößt Roland in sein Horn Olifant. Ein letzter Hilfeschrei, der weithin hörbar ist. Aber zu spät. Tödlich verletzt schmettert Roland sein Schwert Durendal mehrmals gegen einen Felsen und schlägt eine gewaltige Bresche - keinesfalls darf diese mächtige Waffe in die Hände des Feindes geraten.

Der Held ist gefallen.

Der lange Marsch

3. August, Roncesvalles → Pamplona

Frühstück ist in der Klosterherberge auf Selbstbedienungsbasis. Die Auswahl wird durch den Münzautomaten bestimmt. Ein eingeschweißter Croissant und ein Kaffee genügen fürs Erste.

Im Klosterkeller sammle ich meine Klamotten, die ich abends noch gewaschen hatte, vom Wäscheständer. Alle Kleidungsstücke sind komplett nass geblieben, einfachheitshalber verstaue ich alles in einer Plastiktüte. Da ein unangenehmer kalter Nieselregen niedergeht, ziehe ich vor dem Verlassen der Unterkunft einen Plastikponcho über. Diese sehr gewichtssparende Version von einem Regenschutz mitzunehmen, fand ich besonders geschickt - es handelt sich dabei im Prinzip um einen Müllbeutel, in den zwei Löcher für die Arme und ein Überzug für den Kopf integriert sind. Das wiegt nur ein paar Gramm. Bei dem Versuch, den Poncho über den Rucksack zu ziehen, habe ich erst etwas Schwierigkeiten, ein *Hospitalero* bietet mir seine Hilfe an. *Hospitaleros* sind Freiwillige, die sich um die Herbergen kümmern und Pilger versorgen.

Am Ortsende nennt ein Schild die Entfernung zum Ziel – 790 Kilometer bis Santiago de Compostela. Da habe ich mir Einiges vorgenommen. Nach meiner Schätzung werde ich insgesamt 5 Wochen zu Fuß unterwegs sein auf dieser Wanderung. Falls ich nicht vorher aufgebe.

Der Regen lässt glücklicherweise nach, über drei leichtere Pässe führt der Wanderweg entspannt voran. Ab und zu passiere ich Verkehrsschilder, die fast ausnahmslos alle bemalt und kreativ umgestaltet sind, immer sehr witzig. Es scheint in der Gegend wohl Volkssport zu sein. Oder es sind künstlerisch veranlagte Pilger vorbeigekommen.

Zur Mittagszeit endet der Pfad an einer alten Brücke und ich gelange in die Siedlung *Zubiri*. Baguette und *Chorizo*, eine spanische Salamispezialität, besorge ich mir in einem Supermarkt und geselle mich am Flussbett unterhalb der Brücke zu einigen anderen Pilgern für ein Picknick.

Zubiri ist baskisch und bedeutet Dorf an der Brücke. Die Legende der Brücke erzählt von einem Ereignis, das sich beim Bau des mittleren Pfeilers zugetragen haben soll. Nach unvorhergesehenen Schwierigkeiten, die sich bei dessen Errichtung ergeben hatten, wurde tiefer in den Fels gegraben, dort wurde der Leichnam einer Jungfrau gefunden. Einer Schutzheiligen gegen Krankheiten, die vor allem gegen Tollwut helfen

11

soll. Nach dem Fund wurde ihr Körper wieder an der gleichen Stelle beigesetzt - seither soll der Legende nach jeder, der die Brücke überquert, ob Mensch, ob Tier, von Krankheiten erlöst werden.

Weil der Tag noch recht jung ist, beende ich die Etappe nicht in *Zubiri* und wandere nun über einen von Felsstaub bedeckten Boden - durch das Areal von *Magna*, einer gigantischen Zementfabrik.

Im nächsten Dorf komme ich zuerst an einem Cola-Automaten vorbei, danach an einem Brunnen. Ein großes Hinweisschild wurde seitlich angebracht, auf dem darauf hingewiesen wird, dass das Wasser nicht chloriert und aus dem Grund nicht als Trinkwasser geeignet ist. In acht Sprachen. Was mich nicht irritiert - hier fülle ich meine Wasserflaschen auf, kostenlos. Ein Polizeiwagen fährt in dem Moment langsam an mir vorbei, hält neben mir an und der Polizist, der am Steuer sitzt, macht mich darauf aufmerksam, dass man dieses Wasser nicht trinken dürfte, da es nicht chloriert und unhygienisch wäre. Es hatte nur gefehlt, dass er auf den Cola-Automaten hinweist, der nur 10 Meter von hier entfernt ist.

Etwas später überholen mich zwei Holländer, begrüßen mich und erzählen, in dem Ort, an dem der Weg gerade vorbeiführt, gäbe es eine Herberge - dort könnte man übernachten. Oder weiter bis nach Pamplona, das wäre jedoch eine Tagesetappe von insgesamt 42 km. Marathonentfernung - von *Roncesvalles* aus gerechnet. Das hört sich nach einer Herausforderung an, mich packt der Ehrgeiz. Also folge ich dem Weg weiter, durch malerische Dörfer, fühle mich etwas in das Allgäu und in die Voralpen versetzt. Das Baskenland ist eine der wohlhabendsten Regionen Spaniens, die Ortschaften sind attraktiv und gepflegt, umgeben von einer intensiv grünen Landschaft. Häufig führt der Weg durch dichten Urwald. Den hätte ich in Spanien niemals erwartet.

Am Ende des Waldes folgen Felder, bald eine Brücke, kurz darauf eine Entfernungsangabe: 8 Kilometer bis *Pamplona*. Erleichtert denke ich, fast habe ich es geschafft - bin ich auch - und kann mich bald ausruhen. Die Sonne des Nachmittags brennt unerbittlich vom Himmel, kein Schatten in Sicht, der etwas Abkühlung spenden würde. Nach einer halben Stunde passiere ich eine Festungsruine, kurz darauf sehe ich einen Wegweiser mit einer Entfernungsangabe. Der besagt, es wären noch 10 Kilometer bis *Pamplona*. Ich frage ich mich selbst laut: Welchen Weg habe ich denn noch vor mir? Und wann werde ich, wenn überhaupt, heute noch ankommen?

Über einen Bergpass weiter, an abgeernteten Feldern entlang, parallel zur Schnellstraße. Stunden später durchquere ich eine heruntergekommen wirkende Vorstadt, überall sind Graffiti zu sehen, häufig mit dem Schriftzug, der darauf hinweist, dass man sich im Baskenland befindet:

»Pilgrim, you are in Euskerian Country!«

Auf dem Weg durch eine Betonsiedlung taucht eine Gruppe von Kindern auf, die mir entgegenlaufen. Hier bin ich lieber vorsichtig – diese Siedlung vermittelt nicht gerade den Eindruck von Sicherheit. Etwas überrascht bin ich, als die Kinder mich mit Handschlag begrüßen wollen. Einem Pilger die Hand zu schütteln, oder ihn zu berühren, soll Glück bringen. Eigentlich war ich bisher nur auf der Wanderung. Nun bin ich ein echter Pilger auf dem Weg nach Santiago de Compostela! Ein erhebendes Gefühl.

Pamplona! Die Hauptstadt der baskischen Region Navarra ist rundum mit Festungsmauern umgeben - man durchquert erst ein unteres Festungstor, dann ein oberes Stadttor und gelangt in die Innenstadt. Hier wird man auf die politischen Aktivitäten aufmerksam gemacht, fast an jedem Haus der Altstadt wehen Banner, die ein autonomes Baskenland - *Euskadi* auf baskisch – fordern. Viele Bürger scheinen die Unabhängigkeit Navarras anzustreben.

Von Pompeius gegründet ist Pamplona - Iruña in der baskischen Sprache - vor allem berühmt wegen der Stierläufe, die eine Woche lang vom 7. - 14. Juli stattfinden. Besucher kommen von weit her zu diesem Fest, das ursprünglich Firminus dem Märtyrer gewidmet wurde. Stiere werden durch das Zentrum bis zur Arena getrieben. Vorneweg rennen besonders Mutige, oder Leichtsinnige, zumeist Jugendliche. Einige werden von Stieren erwischt, ihren Hörnern durchbohrt oder niedergetrampelt.

Hinweise zu Übernachtungsmöglichkeiten erhalte ich bei einer Touristeninformation. Die erste Möglichkeit ist die zentrale Herberge *Jesús y Maria,* dort hängt ein Schild am Eingang und verkündet: komplett ausgebucht. Es gibt nur noch eine zweite Herberge, die *Casa Paderborn,* die jedoch viel zu weit außerhalb liegt - jetzt noch weiter wandern, das machen meine Füße nicht mehr mit. Es ist halb sieben Uhr abends - in einer zentral gelegenen und belebten Straße der Fußgängerzone soll es noch Hotels geben. Einem Hinweisschild entnehme ich, man solle an einer Bar fragen - ein dort beschäftigter Kellner informiert mich: wenn ich mich noch eine halbe Stunde in Geduld üben könnte, würde ich ein Einzelzimmer bekommen.

Das Zimmer, das ich beziehe, ist zwar halbwegs gemütlich, aber ohne Fenster und zu warm. Mit einem Deckenventilator, der nur wenig Abkühlung verschafft. Trotz allem eine Wohltat - endlich kann ich mich ausruhen und die Füße hochlegen. Die noch immer nassen Klamotten verteile ich im Badezimmer zum Trocknen und entspanne mich danach mit einer Flasche

Wein. Überflüssiges Gewicht reduzieren, den Wein hatte ich noch vor der Tour besorgt und will ihn nicht weiter im Rucksack schleppen. Später und nachts, noch eine letzte Zigarette vor dem Schlafengehen. Schwierigkeiten stellen sich bei dem Versuch ein, aus der Tür des Hotels herauszukommen, so überfüllt ist die Gasse mit Menschen. Es ist Freitag.

Mir wird erzählt, per Gesetz ist es in Pamplona zum Ende der Woche offiziell erlaubt, auf der Straße zu feiern und sich zu besaufen - daher sitzen sie überall auf der Straße mit einem Bier oder stärkeren Getränken. Und palavern. Das ist die Lieblingsbeschäftigung der Spanier.

Im Einzelzimmer werde ich nicht von Frühaufstehern geweckt und kann bis 9 Uhr ausschlafen. Ungünstigerweise ist die Wäsche bei dem schwülen Wetter noch nicht getrocknet und findet erneut einen Platz in der Plastiktüte.

Nach der harten Etappe des Vortages will ich mir nicht so viel vornehmen, eine Weile gemütlich durch Pamplona spazieren - eine Stadtbesichtigung ohne Rucksack. Anzuschauen gibt es Einiges.

Wegen der strategisch wichtigen Lage war die Stadt häufig umkämpft - im Laufe der Geschichte wurde Pamplona mehrmals zerstört. Die ältesten Teile der Befestigung stammen aus dem 16. Jahrhundert, der Zeit, als *Navarra* noch ein Königreich war. In dem ältesten Stadtteil kann man an den Mauern entlang durch die mittelalterliche Festungsanlage wandern und etwas über ihre Entstehung lesen - geschichtliche Informationen sind dort vielerorts auf Tafeln angebracht. Auf Spanisch, Baskisch, Englisch und Französisch. Am Rande der Festung befindet sich auch die Stierkampfarena, umgeben von einem Park.

Bei meinem Spaziergang durch das Stadtzentrum werfe ich einen Blick in die Kathedrale, in der gerade ein Gottesdienst stattfindet. Drei Priester halten eine Messe - für insgesamt drei Besucher.

Zwei Stunden und einige Fotos später begebe ich mich vorbei an einigen Kirchen, dem Parlament, dem Rathaus, über den *Plaza del Castillo* zurück, hole meinen Rucksack und folge wieder den Zeichen des Jakobsweges. Auf zur nächsten Etappe.

Zwei Jakobswege führen zusammen

4. August, Pamplona → Puente la Reina

Hinter *Pamplona* folgt eine Ebene mit ausgedehnten Feldern, auf denen Weizen und Sonnenblumen gedeihen. Bald ist das Ende des Tals erreicht, ein steiler Anstieg führt einen schmalen Pfad hinauf und verläuft danach an einem Bergkamm entlang. Windräder erheben sich vor einem blauen Himmel. Auf dem Schotterpfad überhole ich Radfahrer, die hier aufwärts nur schieben können und stellenweise ihren fahrbaren Untersatz den Weg hinauf tragen müssen.

Mittags - die Sonne brennt, kein Schatten weit und breit. Ein äußerst anstrengender Aufstieg für jeden, vor allem wegen der großen runden Kieselsteine, die immer ein Stück abwärts rollen, auf denen die Füße kaum Halt finden. Langsam geht es vorwärts - einen Schritt vor, einen halben zurück.

Auf dem höchsten Punkt wird man für die Strapazen mit einem weiten Blick über die Felder und Berge ringsum belohnt. Und mit einer grandiosen Kulisse aus lebensgroßen Pilgerfiguren, die vor dem Horizont entlangziehen. *Alto del Perdón*, wörtlich übersetzt die ›Höhe der Gnade‹. Die Bezeichnung passt, den kräftezehrenden Aufstieg hat man nun heil überstanden. Das könnte man denken, wenn man hier zum ersten Mal unterwegs ist - man kennt den Abstieg eben noch nicht. Fast alle Pilger, die ich abends oder ein paar Tage später treffe, hatten nach diesem steilen Hang abwärts ernsthafte Probleme mit Blasen an den Füßen oder sich starke Gelenkschmerzen zugezogen, wie ich.

Unterwegs beim Abstieg treffe ich einen Koreaner und wir wandern einige Zeit zusammen. Die Unterhaltung gestaltet sich sehr schwierig, da er mit einem starken asiatischen Akzent englisch spricht, in einer Art Silbensprache. Er hätte, so verstehe ich, den Jakobsweg in *Szechuan* begonnen.

Das kann ich kaum glauben und finde es sehr ungewöhnlich, dass er von einer Provinz in China gestartet ist. Bei dem Gedanken an die chinesische Küche und die Spezialität ›Hühnchen nach Szechuan-Art‹ läuft mir das Wasser im Mund zusammen. Beeindruckt davon, wie weit er schon unterwegs sein müsste, den Weg quer durch Asien, durch Europa und jetzt hier in Spanien bis nach Santiago de Compostela, äußere ich ihm meinen Respekt und frage, wie lange er denn schon gewandert wäre? Der Koreaner entgegnet, der Weg wäre schon sehr weit, aber er wäre erst im Juli gestartet. »Dieses Jahr?«, frage ich. Verdutzt bin ich, als die Antwort lautet: »Ja!«. Wie lange man für die Entfernung zu Fuß braucht, kann ich nicht einschätzen, aber diese in wenigen Wochen zurückzulegen, wäre schon außergewöhnlich.

Irgendwann beginnen sich seine Schuhe in ihre einzelnen Plastikbestandteile aufzulösen. Traurig erzählt er, diese wären besonders teuer gewesen, fast neu - die Marke seiner Schuhe nenne ich lieber nicht, wegen eventueller Klagen eines viel beworbenen Sportschuhherstellers. Der Koreaner wechselt dann in Gummischuhe, eine Notlösung, die eher für den Hausgebrauch gedacht ist. Im nächsten Ort setzt er sich ab und will warten, bis die Geschäfte zum Ende der nachmittäglichen Siesta wieder öffnen und erklärt, er wolle sich hier nach einem Schuster erkundigen oder Ersatzschuhe organisieren.

Wieder allein auf dem Weg, denke ich darüber nach, was der Koreaner erzählt hatte. Keinen ganzen Monat sei er unterwegs gewesen von *Szechuan*. Unmöglich! Vielleicht gibt es ja einen Ort, der so ähnlich klingt. Mir kommt die passende Idee und ich klatsche mir auf die Stirn. Er meint *Saint Jean!* Die Stadt in den Pyrenäen, in der ich ebenso gestartet bin. *St.-Jean-Pied-de-Port!*

Die Sonne wirft schon lange Schatten, als ich in *Puente-la-Reina* ankomme und das erste Gebäude erreiche - das eine private Herberge ist. Die Angestellte am Empfang meint entschuldigend, sie wären leider weitgehend belegt, die restlichen Betten hätten andere reserviert. Schon wieder Pech mit der Unterkunft, denke ich, so spät bin ich heute doch gar nicht. Sie ergänzt, eine halbe Stunde könne ich warten, denn um 19 Uhr abends würden die reservierten Plätze an andere Pilger vergeben, wenn bis dahin keiner aufgetaucht ist. Ich habe Glück, da diese verschollen bleiben - ich habe damit ein Bett für die Nacht.

Hier gibt es auch eine Waschecke, im Garten ist eine Wäscheleine gespannt. Sehr gut. Meine seit Roncesvalles feucht gebliebene Wäsche entwickelt in der Plastiktüte mittlerweile einen unangenehmen Geruch von Schimmel, deswegen begebe ich mich ans erneute Waschen.

Ein Pilgermenü gibt es im Angebot: Für 10,90 Euro darf man sich bei einem umfangreichen Buffet so reichlich bedienen, wie man will. Zwei Hauptgerichte gibt es zur Auswahl, dazu eine Flasche Wein. Da kann ich nicht nein sagen. Den Bauch schlage ich mir mit allem Möglichen voll, besonders vorzüglich schmecken die spanischen Tapas. Und die Paella, bei der ich mir reichlich von den Muscheln und Krabben herausfische.

Abends mache ich es mir im Aufenthaltsraum gemütlich, denn es gibt hier WLAN-Zugang, einige Zeit beschäftige ich mich mit meinem Smartphone. Bis eine Pilgerfamilie erscheint. Der Familienvater packt eine Creme aus und massiert seinem ersten Sohn damit die Beine. Im Raum breitet sich ein penetranter Geruch aus, nach Eukalyptus vermutlich. Er verwendet immer mehr Creme und mit der Zeit wabert durch den Raum eine Wolke mit bestialischem Gestank, ich kann kaum noch atmen. Dann kommt sein zweiter Sohn an die Reihe, mit einer Beinmassage und der gleichen Creme. Das halte ich nicht mehr aus und ergreife die Flucht. Wahrscheinlich funktioniert die schmerzstillende Wirkung der Creme derart, dass der ätzende Geruch in der Nase alle sonstigen Empfindungen überdeckt und man die Schmerzen nicht mehr wahrnimmt.

In Puente la Reina, dem Namen nach die Brücke der Königin, vereinigen sich zwei Alternativen des Camino Francés: die Navarrische Route, auf der ich unterwegs bin, und die Aragonesische Route. Zweitere ist eine höhere und längere Variante - man überquert die Pyrenäen über den Somport-Pass.

Die Steinbrücke von Puente la Reina

Navarra im Norden befindet sich am Höhepunkt seiner Macht. Der Herrscher des Königreiches León ist bei einem Attentat ums Leben gekommen, Sancho III ›der Große‹ beansprucht das benachbarte Reich für sich und beherrscht damit die nördliche Hälfte der Halbinsel. Unter den maurischen Herrschern im Süden kommt es unterdessen zu Machtkämpfen, dort entstehen kleine, untereinander zerstrittene Königreiche, deren Macht zusehends schwindet. Die Christen im Norden profitieren von der Entwicklung. Es wird begonnen, in neue Infrastruktur zu investieren und Handelswege werden ausgebaut. Lange in Vergessenheit geratene römische Bautechniken werden wiederentdeckt. Zudem erhält man Unterstützung durch geschickte Baumeister und Architekten, die bei den Mauren ihr Handwerk gelernt haben.

In diese prosperierende Zeit fällt der Brückenbau von Puente la Reina. Seit der Römerzeit die wahrscheinlich erste Brücke, die aus Stein und nicht aus Holz errichtet wurde. Der Bau einer Steinbrücke ist eine aufwendige, kostspielige und gefährliche Arbeit, jedoch zahlt sich die Investition nach einigen Jahren mit dem vereinnahmten Brückenzoll aus. Zudem fördern Transportwege den Handel und damit auch den Wohlstand. Nahe der Brücke lassen sich Händler und Geldverleiher nieder, halten Märkte ab, nach einiger Zeit werden Ställe, Herbergen, Wirtschaften, Wechselstuben errichtet. Kaufleute, die unehrlichen Handel treiben, brauchen einen Ort, an dem sie beichten können oder jemanden, der sich um ihr Seelenheil kümmert. So entstehen auch Kirchen und Klöster - auch durch den Beitrag vermögender Pilger. Im Laufe der Zeit entwickelt sich um eine Brücke eine Stadt. Eine Entwicklungsgeschichte wie vielerorts auf dem Jakobsweg, die mit dem Bau einer Steinbrücke ihren Anfang findet.

Zuerst beginnt man mit dem Bau der Brückenpfeiler. Am Grund des Flusses muss ein massives Mauerwerk errichtet und mit Mörtel verbunden werden - im Trockenen. Für diese auf den ersten Blick unlösbare Aufgabe hatten damals die Römer eine besondere Technik entwickelt. Sogenannte Wasserkästen, die man heute als Spundwände bezeichnen würde. Die Form dieser Kästen stellt eine Raute dar, an der das Wasser seitlich vorbeifließen kann. Für den Zweck werden sie mit Teer abgedichtet. Sobald diese Konstruktion an beiden Ufern mit Seilen gegen die Strömung abgesichert ist, wird sie bis zum Grund des Flusses herabgelassen. Dort wird die Basis mit Kies und Lehm aufgefüllt, bis die Wand gegen Wasser abgedichtet ist. Nach und nach wird das Wasser aus dem Kasten geschöpft, bis der Grund des Flusses erreicht ist. Nun beginnt der gefährlichste Teil der Arbeit - mit Spitzhacken und Schaufeln Schlamm und Geröll entfernen, bis ein stabiler

Untergrund entstanden ist, auf dem die Konstruktion eines Pfeilers beginnen kann. Lebensgefährlich für Arbeiter, die bei dieser Tätigkeit ohnmächtig werden können oder wenn es zu einem Wassereinbruch kommt.

Ist der Bau aller Brückenpfeiler abgeschlossen, der Mörtel getrocknet, haben die Wasserkästen ihren Zweck erfüllt und werden entfernt. Zwischen den Pfeilern werden Bogen aus Holz gespannt, auf diesen Schablonen sodann Steinbögen gemauert, die Konstruktion wird zu einem Bauwerk verbunden. Damit ist der komplizierte Teil des Brückenbaus abgeschlossen, die Zwischenräume der Bögen werden soweit aufgefüllt, um darüber eine Straße errichten zu können.

Bei der Brücke Puente la Reina befinden sich Freiräume wie Fenster zwischen den Bögen, die Platz für Statuen bieten - zu Ehren von Heiligen oder großzügigen Kaufleuten. Oder als Durchfluss für Hochwasser, welches wieder Platz für neue Statuen schafft.

Fiesta!

5. August, Puente la Reina → Estella

Die morgendliche Wanderung beginnt mit einem längeren Aufstieg. Einige Kilometer weiter sehe ich einen Wegweiser: ›Cirauqui – Puente y Calzada Romana‹. Ein geschichtlicher Ort, hier gibt es also eine Brücke und eine Straße aus der Römerzeit.

Ein kurzes Stück über Kopfsteinpflaster geht es aufwärts und durch einen Torbogen, an dem man sich den Stempel für die Credentials holen kann. Einen Mini-Reiseführer habe ich mitgenommen, vielleicht erklärt er mir mehr über den Ort und ich lese:»Cirauqui. Wenn man zum Ortszentrum hinaufgeht, kommt man ziemlich ins Schnaufen«. Irritiert schüttele ich den Kopf, die anstrengende Strecke gab es weit vorher, kurz nach *Puente la Reina*. Der Autor des Büchleins war wohl ein Autopilger, der die 100 Meter Aufstieg in die Ortsmitte als besonders anstrengend empfindet.

Der Name *Cirauqui* ist baskisch und bedeutet Kreuzottern-Nest. Am Ortsende gehe ich etwas vorsichtiger und halte Abstand zu den hohen Grashalmen am Wegesrand. Nach einem Stück des Abstiegs überquert man die Römerbrücke. Es ist zwar eher eine Ruine, aber erfüllt immer noch ihren Zweck - ein ausgetretener Pfad führt über die Reste des Mauerwerks. Später sind auf dem Wanderweg stellenweise Platten aus Sandstein verlegt, in denen man Einkerbungen von Wagenrädern erkennen kann. Ich wandele also gerade einen antiken Pfad entlang, über die Reste einer alten Römerstraße. Was weiß man über ihre Entstehung? Nach aktuellem Stand nur, dass sie aus der römischen Zeit stammt.

Zum ersten Mal begegne ich südamerikanischen Pilgern. Vorher hatte ich gehört, im Sommer seien sehr viele Lateinamerikaner unterwegs, bis dahin hatte ich aber noch keinen gesehen. Abermals geht es bergab, bis man an die nächste Brücke gelangt. Über den *Rio Salado*, einen salzigen Fluss. Zuvor hatte ich gelesen, im ›Codex Calixtinus‹, dem berühmten Jakobsbuch des gelehrten Picaud aus dem 12. Jahrhundert, würde gewarnt:»trinke weder selbst von diesem Wasser, noch tränke deine Pferde darin. Denn das Wasser dieses Flusses ist giftig.«

Ein durch Umweltverschmutzung vergifteter Fluss schon im frühen Mittelalter? Neugierig schaue ich mir die Umgebung genauer an. Am gegenüberliegenden Ufer sehe ich Wasser aus einem Hügel sickern, dort haben sich eine Salzkruste und Blumen aus Salzkristallen gebildet - es muss sich dort ein größerer Salzstock befinden. Durchsickerndes Wasser wird mit Salz gesättigt, dieses läuft in den Fluss. Ungenießbares Wasser, das nicht durch Menschen verursacht wurde, sondern eine geologische Besonderheit ist.

Die Originalhandschrift des Codex Calixtinus, in der Kathedrale von Santiago gelagert, wurde übrigens zeitweise als gestohlen gemeldet. Dann, ein Jahr später, im Juli 2012, tauchte sie wieder auf - in der Garage eines Elektrikers, der zeitweise in der Kathedrale beschäftigt war.

Im nächsten Ort, *Lorca*, befindet sich ein Wasserbrunnen vor der Kirche, an dem ich meine Trinkwasservorräte auffüllen kann. Frisches Wasser habe ich auch dringend nötig, um den Weg in der nachmittäglichen Hitze durch eine steppenartige Landschaft, vorbei an Olivenhainen zu überstehen.

Bald entdecke ich, versteckt zwischen den Olivenbäumen, eine antike und verlassen wirkende Kapelle, bei der es sich um eine spirituell wichtige Pilgerstätte zu handeln scheint: Steinpodeste im Inneren, auf denen unzählige Steine und Zettel mit Botschaften abgelegt sind, vor allem mit religiösem Hintergrund - Wünsche und Dankschreiben, an den Herrn gerichtet.

Nachmittags komme ich in Estella an, benannt nach dem lateinischen Wort *Stella* - dem Stadtgründer soll ein leuchtender Stern erschienen sein. Gleich zu Anfang begeistert mich der Ort, als sich eine mittelalterliche Ruine an die andere reiht. Eine der Besonderheiten auf dem Jakobsweg: immer wieder ist Historisches zu entdecken, mittelalterliche Bauwerke, Ruinen aus sehr früher Zeit, deren Bedeutung im Dunkel der Jahrhunderte verschollen ist. Ich mag Ruinen - die haben immer etwas Mysteriöses an sich. Monumente, die Geschichten erzählen, aus vergangenen und in Vergessenheit geratenen Zeiten.

Eine Wegmarkierung weist zu einer Anhöhe: ›Ruinen des Kastells von Zalatambor‹. Hört sich an wie der Name eines Magiers, der oben auf einem Turm wohnte – der Blitze vom Himmel beschworen, Zaubertränke gemischt oder mit magischen Tänzen Untote herbeigerufen hat.

Nach dem alten Palast der Könige von Navarra, in der Nähe des Stadtzentrums, sind fast alle Spanier ganz in weiß gekleidet mit rotem Halstuch, oder einer weißen Hose mit einem roten Jackett oder einem rotem T-Shirt. Rot-weiße Tracht … in Estella, vermute ich, muss heute irgendein besonderer Tag sein.

In dem Moment, als ich durch das Tor der Klosterherberge trete, sagt der *Hospitalero*, bevor ich die Frage nach einer Übernachtung stelle:»We are full!« Alle Betten sind belegt, obwohl es erst 14 Uhr nachmittags ist. Er verweist auf eine Jugendherberge - dort fände ich als Pilger auch Platz, ich müsste einfach dem Jakobsweg weiter folgen.

Diese befindet sich am Ende des Ortes. Am Empfang erkundige ich mich, ob in der Stadt ein besonderes Fest stattfinden würde. Die Dame meint, während sie meinen Pilgerausweis stempelt und mir ein Bett reserviert, davon hätte sie keine Ahnung - schon möglich, in der Stadt würde jeden Tag irgendetwas gefeiert. Sie händigt mir einige Zettel aus, auf denen Veranstaltungstermine und Zeiten aufgeführt sind. Einiges würde heute im Stadtzentrum stattfinden, unter anderem ein Feuerwerk. Das würde ich mir gerne anschauen.

Erst eine Dusche, die unangenehm ist, da es nur Heißwasser zur Auswahl gibt. Und zwar kochend heiß. Um sich nicht zu verbrühen, benötigt man eine Wasserflasche mit kaltem Wasser - für die Duschkabine, zum Mischen.

In der Zwischenzeit sind dunkle Wolken aufgezogen, ein Gewitter folgt und starke Regenschauer ergießen sich über das Land. Die Zeit des Regens vertreibe ich mir im Aufenthaltsraum. Irgendwann höre ich hysterische Schreie. Eine Weile herrscht Totenstille, später ertönen wieder markerschütternde Schreie. Die Herberge dient gleichzeitig als Psychiatrie.

Erst bei Einbruch der Dunkelheit lässt der Regen etwas nach. Ist noch Zeit genug, um zum Fest zu gehen? Viele Herbergen schließen um 22 Uhr ihre Pforten. Bei der Empfangsdame erkundige ich mich, wie lange abends geöffnet ist - erleichtert vernehme ich die Antwort, durchgehend bleibt der Eingang auch nachts unverschlossen, man könne jederzeit nachts wieder hineingelangen.

Die Jugendherberge liegt etwas abseits. Aber der Weg ins Zentrum, in dem das Fest stattfindet, ist leicht zu finden. Ich folge einfach den in weiß und rot gekleideten Spaniern. Auf dem ersten großen Platz findet eine Art Jahrmarkt statt - zahlreiche Fahrgeschäfte, Karussells, Schießbuden und Zuckerbäckereien sind dort aneinandergereiht – nicht das kulturelle Ereignis, was ich mir anschauen wollte. In der Altstadt sehe ich mich weiter um, Cafés und Restaurants befinden sich in den Gassen, ich erreiche die *Plaza de los fueros* - den Platz der Rechte. Außergewöhnlich hohe Preise schrecken mich ab, als ich die Speisekarten überfliege. Essen und Getränke sind teuer - für spanische Verhältnisse. Was ich in Pamplona schon gesehen habe, finde ich auch hier an einigen Häusern: Fahnen mit Slogans ›Indepentia Euskadi‹ - Unabhängigkeit für das Baskenland.

Nach einem Rundgang gelange ich wieder zurück zum zentralen Platz vor der Kirche, als sich der Stundenzeiger der Uhr auf 22 Uhr zubewegt. Eine Liveband spielt. Die in Spanien typische traditionelle Musik bei den Fiestas ist etwas gewöhnungsbedürftig, Melodien sind nur mit viel Phantasie zu erkennen. Es ist vor allem sehr, sehr laut, das scheint das Wichtigste zu sein. Die Band besteht aus vielen Musikern mit Trommeln und einem, der Trompete bläst.

Kurz nachdem die Kirchenglocke zur vollen Stunde geläutet hat, 22 Uhr, findet ein Stierrennen statt. Es beginnt mit einer lauten Explosion, jemand rennt mit einem brennenden Stier los, einige Kinder eilen in seine Richtung und laufen vor dem feuerspeienden Gefährt her. Kein echter Stier, der *Toro de fuego* ist ein Feuerwerk auf Rädern, eine Variante des populären Stierrennens - diese ist ungefährlicher und auch für Kinder geeignet, dennoch spektakulär.

Es ist fast Mitternacht, als ich zurück zur Unterkunft gelange, die wie versprochen noch geöffnet ist. Auf dem Gang in der Herberge begegne ich vielen Jugendlichen, die sich im Halloween-Stil verkleidet haben. Hexen, Gespenster, Skelette laufen an mir vorbei und machen sich auf den Weg zum Fest. Ich begebe mich in umgekehrter Richtung zum Schlafsaal, in dem schon lautes Schnarchen zu vernehmen ist. Wie häufig unter den Pilgern bin ich der Letzte, der sich zur Nachtruhe begibt.

Der Weinbrunnen

6. August, Estella → Torres del Rio

Wie gewohnt werde ich schon früh vor Einbruch der Morgendämmerung geweckt. Hektisches Packen von Rucksäcken ist zu hören, hin und wieder blitzen Taschenlampen auf, halblautes Gemurmel hält mich wach. Ich verlasse zeitig, wie viele andere Pilger, die Stadt Estella morgens um 7 Uhr. Und kurze Zeit später erreiche ich ein Highlight des Jakobsweges: den Weinbrunnen! Aus diesem kann man laut Ausschilderung an dem linken Hahn Wein zapfen. Hocherfreut stelle ich mich an einer Schlange von Pilgern an, halte meine Trinkflasche schon bereit, um sie mit Wein zu füllen. Doch der Weinbrunnen bleibt trocken, nur ein Tropfen löst sich, das ist alles. Etwas enttäuscht mache ich mich weiter auf den Weg. Das erhoffte Frühstück muss wohl ausfallen.

Der Brunnen ist eine Marketingidee eines regionalen Weinproduzenten, der seit 1991 Pilgern einen Schluck Wein der ›Bodegas Irache‹ zum Verkosten anbietet. Wer dort zu früh vorbeikommt, hat Pech. Der Weinbrunnen ist erst ab 8 Uhr morgens in Betrieb.

Das Kloster Irache ist eines der ältesten auf dem Jakobsweg und existierte schon mehr als 100 Jahre vor der Gründung der benachbarten Siedlung Estella. Im frühen Mittelalter diente das Kloster als Pilgerhospiz. Später wurde die neugegründete Nachbarsiedlung zur Konkurrenz, als der Jakobsweg durch Sancho I, dem König von Navarra und Aragón, so verlegt wurde, dass er durch Estella verläuft. Die neue Siedlung expandierte über die Jahre und entwickelte sich zu einer Stadt, während Irache im Laufe der Zeit zunehmend an Bedeutung und zuletzt auch die Funktion als Kloster und Pilgerherberge verlor.

Es gibt eine Auswahl zwischen zwei Wegen - man kann links dem Pfad aufwärts folgen oder nach rechts abzweigen. Neugierig blättere ich in meinem kleinen Reiseführer, der empfiehlt:»dem Weg rechts folgen!« - auf einen Asphaltweg. Nach meiner Vermutung ist es ein Autopilger, der diesen Führer geschrieben hat. Wahrscheinlich hatte er in der Nähe geparkt, war bis zum Weinbrunnen gelaufen, hatte sich dort einen größeren Schluck gegönnt, ist wieder zu seinem Wagen zurückgekehrt, eingestiegen. Mit Vollgas zur nächsten Lokalität gefahren, die gute Fotos verspricht, einer Liste folgend, um die Sehenswürdigkeiten der Reihe nach abzuarbeiten.

Ich entscheide mich für die Abbiegung links. Der Weg führt über einen Trampelpfad durch das Unterholz eines Waldes, vermutlich die schönere Variante. Beide Wege führen bald wieder zusammen, man wandert an Feldern vorbei, durch eine idyllische Hügellandschaft. Die Hügel haben die Form von Vulkankegeln, auf deren Gipfel aus der Ferne gelegentlich Burgen oder Ruinen zu erkennen sind. Danach geht es wieder durch eine Landschaft mit abgeernteten Feldern und Strohballen, die zu Kathedralen ähnlichen Gebilde errichtet wurden. Vermutlich werden die Ballen zu dem Zweck übereinandergestapelt, um das Stroh vor dem Austrocknen zu schützen.

In *Los Arcos* angekommen, was nur ›die Bögen‹ bedeutet, finde ich im Zentrum des Ortes einen großen Platz vor, an dem sich Restaurants und Cafés aneinanderreihen. Gegenüber erhebt sich eine Kirche. Manchmal schaue ich mir Kirchen von innen an, wenn sie gerade auf dem Weg liegen - schließlich bin ich Pilger. Häufig bekommt man dort einen Stempel für den Pilgerausweis. Vor allem ist es angenehm, während der Mittagshitze eine Weile abkühlen zu können.

Das Eingangsportal ist geöffnet, ich trete ein und werde sofort von der inneren Gestaltung des Kuppelgebäudes überwältigt. Das von reich verzierten Säulen gestützte Gewölbe ist von der Mitte der Kuppel bis zum Boden bis ins kleinste Detail rundum mit barocken Holzschnitzereien versehen, kunstvoll bemalt und mit Blattgold überzogen. Der gesamte Raum wird geschickt erleuchtet durch einen kleinen verglasten Turm, der in der Mitte der Kuppel das Sonnenlicht hinein lenkt. Ein Gesamtkunstwerk in Perfektion, dem nichts fehlt, an dem man nichts verbessern könnte. Was man im hinteren Teil besichtigen kann, was ich auch in anderen Kirchen auf dem Weg öfters gesehen habe, ist ein Glassarg mit einer blutüberströmten Jesusfigur, auf dem geschnitzte Engel sitzen. Martialisch-religiöse Kunst, die nicht so ganz meinen Geschmack trifft.

Die Kirche ist für mich die Beeindruckendste überhaupt. Von den Pilgern, die ich später getroffen habe, hatte kein einziger diese von innen besichtigt. Mich wundert, dass kein Reiseführer – einige hatte ich nach der Tour durchgeblättert - die künstlerische Ausgestaltung des Gewölbes und des Innenraums erwähnt. Nur die Gesamtarchitektur des Gebäudes wird gelobt. Öfters frage ich mich, ob die Autoren von Reiseführern immer nur von anderen abschreiben, da alle mehr oder weniger dieselben Sehenswürdigkeiten erwähnen.

Die Tagesetappe endet in *Torres del Rio*, der Bedeutung nach »Türme, die am Fluss liegen«. Häufig haben die Orte sprechende Namen, beispielsweise benannt nach den ersten Gebäuden, die errichtet wurden. Heute sucht man Türme hier vergeblich. Ich komme bald in der Herberge an, die mit einer Bar und einem Restaurant im Erdgeschoss recht gemütlich gestaltet ist, sowie einigen kleineren Schlafsälen in den oberen Stockwerken. Einen Minuspunkt gibt es für die Bäder, in denen man nur kalt duschen kann - im Gegensatz zur Herberge in *Estella*, in der es nur brühend heißes Wasser gibt.

Im Schlafsaal treffe ich eine Gruppe von Koreanern, die ich zuvor in der Herberge von *Puente la Reina* gesehen hatte. Und eine Deutsche, der ich in *Roncesvalles* begegnet bin, die mit dem Auto auf dem Jakobsweg unterwegs ist - begleitet von ihren zwei kleinen Kindern. Man könne zusammen Abendessen, schlägt sie mir vor, ebenso würde sich eine Belgierin anschließen. Was mich sehr freut, da ich auf der Wanderung bis jetzt noch keinen kennengelernt habe, mit dem ich mich unterhalten konnte bei einem Pilgermenü. Nur die Portionen der Speisen fallen etwas mager aus.

Von Deutschland habe ich immer noch eine Großpackung mit Gummibären im Rucksack übrig, auf die ich bisher keinen Appetit hatte. Die bekommen die Kinder, dafür wird mein Rucksack etwas leichter.

Eine verwinkelte, nette, kleine Siedlung, aber was findet man hier an Sehenswürdigkeiten? Es gibt eine romanische achteckige Kirche, in der typischen Bauweise des Templer-Ordens. *Iglesia Santo Sepulcro*, dem Namen nach ein Gotteshaus, das dem heiligen Grab zu Jerusalem gewidmet ist. Die Kirche von Innen zu besichtigen, dazu komme ich leider nicht mehr - zu spät nach den Öffnungszeiten, die am Eingang angebracht sind.

Die härteste Pilgerin des Jakobsweges

7. August, Torres del Rio → Navarrete

Ein letzter Blick zurück auf *Torres del Rio*. Die Morgendämmerung zaubert mit einem Farbenspiel am Horizont und dem Schatten der Häuser eine malerische Kulisse. Dem Weg weiter folgend, erreiche ich den nächsten Ort, *Viana*. Eine kleine Stadt mit vielen sakralen Gebäuden, am Ortsende findet man das Interessanteste, die Ruine einer gotischen Kirche. Danach schreitet man durch das Stadttor - eine Sandsteintafel erzählt etwas über die Geschichte der Stadtgründung.

Der Stadtkern der mittelalterlichen Ortschaft Viana wird von einem Kloster, mehreren Kirchen und einer Kirchenruine aus dem 13. Jahrhundert geprägt. Gegründet hat die Stadt Sancho VII ›der Starke‹, König von Navarra, im Jahr 1219. Seinen Beinamen hatte er wegen seiner gewaltigen Statur erhalten - ein Riese mit einer Körpergröße zwischen 2,20 und 2,30 Metern.

Nach der Überquerung der Grenze zwischen Frankreich und Spanien über den Pyrenäenpass habe ich die spanische Autonomieregion Navarra durchschritten. Nun liegt die nächste Region vor mir, deren Name durch ihren Wein weltbekannt ist. Seit dem Jahr 1833 erst existiert diese als selbständige Provinz, erhielt damals den Namen ihrer größten Stadt, *Logroño*. Im Jahr 1980 wurde die Provinz umbenannt - in *La Rioja*. Ihre Hauptstadt *Logroño* ist auch die erste Stadt, die man nach Verlassen der Provinz *Navarra* erreicht, dem Jakobsweg westwärts folgend. Und die einzige Großstadt.

Eine Brücke über den Rio Ebro soll es in Logroño schon im 11. Jahrhundert gegeben haben - weitere Theorien besagen, im 12. Jahrhundert wäre eine Brücke von dem Heiligen San Juan de Ortega errichtet worden. Aus dieser Zeit ist heute nichts davon erhalten, bis auf Theorien und Legenden.

Nach Überquerung der Nachfolgebrücke aus dem 19. Jahrhundert finde ich keine Wegmarkierung mehr, weshalb ich versuche, mich mit Hilfe von GPS und Smartphone zu orientieren. Dabei komme ich an keiner Sehenswürdigkeit vorbei - die Stadt wirkt mit den Häuserschluchten eher wie eine Industriestadt.

Den ganzen Tag bin ich an keinem Brunnen vorbeigekommen, an dem ich meine Wasserflasche hätte auffüllen können. Auf die Idee, eine Neue zu kaufen bin ich nicht gekommen - ich bin Pilger und das Schicksal soll über meinen Weg entscheiden. Spätestens jetzt bräuchte ich aber dringend neues

Trinkwasser, um den Weg nachmittags weiter überleben zu können. Am Ende von *Logroño* wandere ich durch einen Park, die Grünanlage habe ich fast schon durchquert und mich schon darauf eingestellt, wieder umkehren zu müssen. Doch im letzten Moment, kurz vor dem Ende des Parks - was erscheint vor meinen trüben Augen? Ein Wasserbrunnen!

Bei der Gelegenheit lerne ich Jenny kennen, eine Pilgerin, die mit Duke unterwegs ist und gerade in dem Park verweilt. Zuerst sprechen wir miteinander in Englisch, bis wir feststellen, dass wir beide Deutsche sind. Während wir uns unterhalten, wird um uns herum das Gras gemäht, permanenter Lärm, der die Idylle stört. Ein Gärtner fährt wiederholt mit einem Rasentraktor vorbei, ein zweiter Parkpfleger mäht die Kanten mit einem Rasentrimmer. Das Gras war vorher schon auf das Minimum gekürzt - das pausenlose Mähen ändert nichts daran. Eine Arbeitsbeschaffungsmaßnahme vermutlich.

Jenny erzählt, sie befände sich ebenso auf dem Weg nach Santiago - pausiere derzeit, nachdem sie von gravierenden Knieproblemen geplagt wurde und deswegen einen Arzt aufgesucht hätte. Nach der Untersuchung wurde ihr verboten, mit dem Gewicht auf dem Rücken weiterzuwandern. Einem Rucksack, der 18 Kilo wiegt und bei der zierlichen Figur wahrscheinlich ein Drittel ihres Körpergewichts ausmacht. In welchem sie auch ein Zelt verstaut hat, da man mit Haustieren nur in wenigen Herbergen übernachten kann, und Vorräte an Futter mitschleppt - für Duke, ihren Schäferhund.

Wir unterhalten uns noch eine Weile und ich erfahre von ihrer Planung, für den weiteren Weg ein Fahrrad zu besorgen. Darauf könnte sie ihren Rucksack transportieren und so den Weg fortsetzen.

Nach einer halben Stunde wird es Zeit, aufzubrechen. Jenny versucht, ein Stück mit mir zu wandern, ein Stück weiter durch den Park. Nach kurzer Zeit melden sich jedoch ihre Knieschmerzen, kurzerhand gibt sie auf und wünscht mir eine gute Reise.

Häufig hatte ich mich unterwegs gefragt, was wohl aus ihr geworden ist. Lange Zeit bleibt sie verschollen. Es war anzunehmen, dass sie die Wanderung letztendlich wegen gravierender Probleme aufgeben müsste. Zu dem Zeitpunkt ahne ich noch nicht, dass ich sie nach vielen Wochen am Ende der Welt wiedertreffen würde.

Außerhalb von *Logroño* geht es aufwärts, ich komme an einem Stausee vorbei, dem Wasserreservoir der Stadt, das auch der Bewässerung von Weinreben dient. Wahrscheinlich ist die Region *La Rioja* besonders geeignet für den Weinbau. Könnte man denken.

Bei der Landschaft, durch die ich wandere, komme ich zu jedoch zu der Vermutung, hier könnte kaum etwas gedeihen - höchstens Kakteen. Das Land ist eine Steinwüste aus roten Sandsteinfelsen und rotem Lehmboden. Für den Anbau von Wein wird ausgiebige künstliche Bewässerung benötigt, da der trockene Felsboden kaum Feuchtigkeit zu speichern vermag. Wer hier erfolgreich Landwirtschaft betreibt, beherrscht die Kunst, Wasser in Wein zu verwandeln - nicht auf wundersame Weise, sondern als Ergebnis harter Arbeit.

Längere Zeit wandere ich durch die Weinberge und später durch Eukalyptus-Plantagen, die ebenfalls mit künstlicher Bewässerung kultiviert werden. Kurz vor der nächsten Ortschaft stehen die Ruinen eines Pilgerhospitals: *San Juan de Acre*, aus dem 12. Jahrhundert. Einige Kilometer weiter, nachdem ich die Felder hinter mit gelassen habe, erreiche ich *Navarrete*. Das Tor zu Navarra dem Namen nach - historisch. Und das Ende meiner Tagesetappe.

Bei einem Bier erzählt mir der *Hospitalero*, er wäre Architekt und hätte die letzten Jahre eine sehr gut bezahlte Beschäftigung gehabt, bis die Immobilienblase geplatzt wäre und er in der Krisenzeit seinen Job verloren hätte - seitdem kümmere er sich um die Pilgerherberge. Mieten wären hier sehr hoch, deswegen sei er wieder bei seinen Eltern eingezogen.

Wo man am besten essen gehen könnte, erkundige ich mich bei ihm. Der *Hospitalero* empfiehlt mir ein Restaurant mit Spezialitäten der typisch regionalen Küche.

Den Nachmittag in der Sonne wandere ich durch *Navarrette* und betrete die Kirche Mariä Himmelfahrt. In dieser ist ein Münzautomat zu finden, Einwurf 1 Euro, um die Beleuchtung anzuschalten. So viel Wert lege ich darauf nicht - das Gebäude ist von außen sicherlich interessanter.

Der Ort ist nicht besonders groß, das Restaurant mit Spezialitäten von *Navarra* liegt auch gleich in der Nähe. Früh abends ist es noch leicht, einen freien Tisch zu bekommen.

Die Speisekarte wird mir in Spanisch und Englisch ausgehändigt - mit Hilfe eines Wörterbuches versuche ich, herauszufinden, wobei es sich jeweils handelt. Bei den meisten Gerichten scheitere ich, eine Übersetzung zu finden, der Kellner wartet währenddessen ungeduldig - ich muss eine Auswahl treffen.

Eine der Speisen hört sich vielversprechend an: »Morros de Ternera en Salsa« - in englischer Übersetzung »Muzzles in Sauce«. Ich mag Meeresfrüchte und bestelle dieses Gericht. Der Kellner versucht in Spanisch, etwas zu erläutern - leider verstehe ich davon so gut wie gar nichts, nur insoweit, dass er etwas Anderes empfiehlt, gebratenes Steak.

Ich habe mich aber schon entschieden. Miesmuscheln in Soße, das ist eines meiner Lieblingsgerichte und ich kann es kaum noch erwarten. Mir knurrt der Magen, da ich kein Frühstück zu mir genommen habe, mittags nur ein paar Pfirsiche, und jetzt freue mich schon auf die Muscheln. Wahrscheinlich speziell zubereitet nach der Art Navarras.

Nach einiger Zeit erscheint der Kellner und stellt wortlos einen Teller vor mir ab, auf dem sich ein unerkennbares fettiges ETWAS befindet, das noch eine Weile vor sich hin schwabbelt, klebrig aussieht und mit Blutergüssen überzogen ist – die Bedienung hat es eilig, wieder zu verschwinden.

Was ist das? Pansen, Magenschleimhäute, denke ich im ersten Moment. Das hatte ich noch nie gemocht. Manche Franzosen essen so etwas gern. Aber selbst für Pansen sieht das zu eklig aus. Ich versuche, zu erkennen, was diese gallertartige Masse darstellen soll. Ich komme zu dem Schluss, in der Küche haben sich die Angestellten einen Scherz erlaubt, halb verweste Fleischreste zusammengeklaubt und für jemanden, der keine Ahnung hat, die Küchenabfälle serviert.

Wahrscheinlich schütteln sie sich gerade in der Küche vor Lachen bei der Vorstellung über den Deutschen, dem das Absonderliche von seinem Teller genauso fassungslos entgegenstarrt, wie er diesem entgegenblickt. Ich beherrsche aber zu wenig die spanische Sprache, um jetzt eine Beschwerde vorzubringen. Also probiere ich etwas von dieser glibberigen, undefinierbaren Substanz. Nach Paprika schmeckt es und ist leicht scharf gewürzt. Aufgrund meines hohen Kalorienbedarfes denke ich: egal was es ist, tierisches Fett kann nicht schaden. Trotz allem ist das Ganze nicht völlig ungenießbar, nur vor allem klebrig, so dass ich den Mund kaum noch öffnen kann.

Später erfahre ich, worum es sich bei dem Essen gehandelt hat: Ochsenmaul. Eine Spezialität in Navarra.

Reconquista

Häufig in der Geschichte entscheidet nicht die militärische Stärke darüber, wer die Oberhand in einer Region gewinnt. Wird der Angreifer von großen Teilen der Bevölkerung als Befreier gesehen, widmet man sich nur unfreiwillig der Verteidigung.

In Toledo, der Hauptstadt des Westgotenreiches werden in unregelmäßigen Abständen Versammlungen abgehalten und weitreichende Beschlüsse zu politischen, bald auch religiösen Angelegenheiten abgesegnet. Das Konzil von Toledo. Erstmals findet dieses im Jahr 400 statt. Später, im Jahr 589, kurz nachdem der König zum Katholizismus übergetreten ist, wird bei einer dieser Konferenzen entschieden, die Religion zur Staatsreligion zu erheben. Maßnahmen zur Ausgrenzung von Nichtkatholiken werden beschlossen, der Gebrauch der gotischen Sprache verboten. An deren Stelle tritt Latein, bald wird allen Nichtkatholiken das Bleiberecht im Reich abgesprochen. Aus den Protokollen des letzten Konzils im Jahr 702 ergibt sich, dass sich Machtstreitigkeiten zwischen dem König und dem restlichen Adel entwickeln. Und dass immer schärfere Gesetze verabschiedet werden - gegen Juden, die für Wirtschaft und Handel eine zentrale Bedeutung haben.

Im Jahr 711 überqueren die Mauren das Meer, landen auf der Iberischen Halbinsel und werden mutmaßlich von vielen als Befreier angesehen. So ist es für sie ein Leichtes, innerhalb von wenigen Jahren weite Gebiete einzunehmen. Der Islam gewährt in seiner frühen Phase den Angehörigen anderer Glaubensrichtungen den Schutz des Lebens, ihres Eigentums und auch die freie Ausübung ihrer Religion.

Das Land ist bald zweigeteilt, die Christen im Norden - und die Mauren im Süden. Zur frühmittelalterlichen Zeit ist die islamische Kultur gegenüber der christlichen in den Bereichen Wissenschaft, Technik und vor allem Literatur um Einiges überlegen. Ende des ersten Jahrtausends verfügt die Bibliothek von Córdoba über mehr als 500.000 Bücher, während eine christliche Bibliothek im frühen Mittelalter meistens nur aus einem Buch besteht: der Bibel.

Der Süden profitiert durch die kulturellen Neuerungen, welche die Einwanderer in das Land gebracht haben. Wie so häufig, währt die Toleranz gegenüber anderen Religionen nur, solange das Land prosperiert. Die Situation verschlechtert sich im ausgehenden 10. Jahrhundert durch Dürren und Revolten. Die Stimmung beginnt zu kippen und im Verlauf des 11. Jahrhunderts entwickelt sich im Süden eine Radikalisierung. Bevor das

Jahrhundert zu Ende geht, kommt es zu Pogromen gegen Juden. Der Dschihad wird ausgerufen im Sinne eines heiligen Krieges.

Im Jahr 1085 nimmt Alfons VI ›der Tapfere‹ - König über die drei Reiche Galicien, Léon und Kastillien - die Stadt Toledo ein. Eine herbe Niederlage, denn diese ist neben Córdoba die wichtigste Stadt der Mauren, die zudem berühmt für ihre Waffenschmiedekunst ist. Erst in dieser Zeit setzt sich der Begriff Reconquista durch - die religiös motivierte Rückeroberung im Zeichen des Kreuzes.

Das Emirat von Córdoba wird verdrängt durch eine neue Macht. Der iberische Süden, Al-Andalus, wird von Almoraviden erobert - eine aus Westafrika stammende Berberdynastie, die einen radikaleren Islamismus vertritt. Deren Macht währt nicht lange, bald bestimmen Kleinstaaten den muslimischen Süden, sogenannte Taifas. Bis 150 Jahre später die fundamentalistisch religiösen Almohaden, eine andere Berberdynastie, das Gebiet erobern. Diese radikal-religiösen Herrscher wenden sich gegen die in der Zeit der Mauren entstandene städtische Hochkultur, ebenso wie gegen Wissenschaft und Philosophie. Die Mission und die Errichtung von Moscheen hat Vorrang. Wirtschaftlicher und kultureller Niedergang des Reiches im Süden ist die Folge.

Im Norden entwickelt sich im Verlauf des 11. Jahrhunderts eine auffällig steigende Bautätigkeit zur Verbesserung der Infrastruktur, welche den Handel begünstigt. Vieles wird motiviert durch die religiösen Legenden - der Weg von Ost nach West wird durch Straßen und Brücken kontinuierlich besser ausgebaut. Zudem entscheiden sich viele, die nach Santiago pilgern, sich dauerhaft in der Region niederzulassen. Viele neue Hospitäler und Siedlungen werden gegründet, was zu einem Bevölkerungszuwachs führt.

Ritterorden zum Schutz der Pilger werden gegründet, die durch Sicherung ihrer Gebiete und Verwaltung von Gütern an Macht und Einfluss gewinnen. Und sich zu einem mächtigen Instrument entwickeln, um in gemeinsamen Kreuzzügen den islamischen Süden zu bedrängen - bald auch mit Unterstützung durch andere europäische Ritterorden.

Im 13. Jahrhundert ist die islamische Herrschaft auf der Iberischen Insel gebrochen. Von dem ehemals großen Reich bleibt nur ein kleiner Staat im Südosten übrig, das Emirat von Granada. Der Sultan sichert sich durch Aushandlung eines Waffenstillstands die Existenz seines kleinen Nasridenreiches, mit weitreichenden Zugeständnissen und Tributzahlungen an das inzwischen übermächtige Königreich Kastilien und Léon im Norden.

Die strategischen Erfolge im 11. Jahrhundert ermutigen die christlichen Würdenträger möglicherweise, ebenso den Kampf an einer zweiten Front aufzunehmen - die weit entfernt liegt, im byzantinischen Reich. So wird im

Jahr 1095 von Papst Urban II und Bischof Adémar von le Puy – wo sich der Ausgangspunkt des Jakobsweges in Frankreich befindet – zum Kreuzzug gegen die Araber im Fernen Osten aufgerufen. Jerusalem und der Pilgerweg zu dieser heiligen Stadt soll nach ihrem Willen zum Machtbereich der christlichen Herrscher gehören, Kirche und Vatikan würden an Macht gewinnen.

Der Kampf von Roland und Ferragut in Nájera

Eine Woche ist es nun her, dass das fränkische Heer von Pamplona aus westwärts aufgebrochen ist. Die Soldaten folgen den Spuren einer Truppe von Mauren und überqueren den Fluss Ebro.

Eine Stadt kommt in Sichtweite. Während seine Männer beginnen, ein Lager zu errichten, steht Karl der Große auf einem Hügel und blickt auf Nájera. Dort haben sich die Mauren verschanzt, in dieser Stadt werden seine fränkischen Gefolgsleute gefangengehalten.

Trotz der großen Entfernung nehmen sie einen einzelnen Soldaten wahr, der die Stadt verlässt - ein leibhaftiger Riese, der ihnen nun entgegenkommt. Als er das Lager der Franken erreicht, können sie ihn in seiner ganzen Größe sehen, worauf einer der Paladine murmelt: »Siehst du seine Schuhe? Wie Särge - darin wäre genug Platz, mich gemeinsam mit meiner Frau zu beerdigen.«

Der Riese stellt sich vor die Paladine und schneidet Grimassen. Zwischendurch verfällt er in höhnisches Lachen. Danach schneidet er wieder Grimassen.

»Genug, wir haben verstanden was ihr von uns haltet«, sagt Karl mit grollender Stimme, »Erlaubt mir, eine Frage an euch zu wenden: Was wollt ihr?«

Der Riese schneidet noch einige abscheuliche Grimassen. Nach einer längeren Vorführung grotesker Gesichtszüge beginnt er nun gut gelaunt zu erzählen: sein Name sei Ferragut, er stamme aus Syrien. Der berühmte Goliath wäre einer seiner Vorfahren gewesen. Momentan suche er etwas Zeitvertreib. Allzu gerne würde er im Zweikampf gegen Karls zwölf Paladine antreten - falls diese genügend Mumm hätten, gegen ihn zu kämpfen.

Die Paladine, die seine Ansprache vernommen haben, diskutieren eine Weile - sie können sich jedoch nicht einigen. Erneut beginnt der Riese damit, Grimassen zu schneiden. Er lässt sich Einiges einfallen, um sich über die Paladine lustig zu machen und beginnt nun, sie zu beobachten und ihre Gesten nachzuäffen.

Mittlerweile entwickelt sich unter den Paladinen eine heftige Diskussion, während der Riese jede ihrer Bewegungen aufmerksam verfolgt und mit lautem Gelächter wiederholt. Um seine Herausforderung zu untermauern, streckt er den Rittern sein mächtiges Hinterteil entgegen und versucht damit, jeden Gesichtsausdruck der Paladine nachzuahmen.

Die Ritter kommen zu einem einhelligen Entschluss und verkünden: »Es reicht mit diesen Provokationen und unsere Entscheidung steht fest: wir sind zum Kampf gegen den Riesen bereit.«

Der Paladin Holger nimmt als Erster die Herausforderung zum Zweikampf an. Eine Zeitlang kann er standhalten, aber sich nur verteidigen. Mit einem Schlag wird er von dem Riesen gefällt.

Die folgenden Paladine ereilt bei dem ungleichen Zweikampf das gleiche Schicksal, einer nach dem anderen landet im Staub.

Zum Schluss kämpft der Riese gegen den hochgewachsenen Roland. Dem Tapfersten aller anwesenden Ritter. Da sich beide Gegner ebenbürtig sind, dauert der Kampf sehr lange und zieht sich hin, über viele Runden. Über den ganzen Tag, durch die ganze Nacht. Am darauffolgenden Tag steht immer noch kein Sieger fest. Selbst am dritten Tag wird der Kampf fortgeführt.

Ab und zu gönnen sich die beiden Kampfhähne eine Pause. Der Paladin und der Riese sitzen nebeneinander auf dem Hügel, beobachten den Horizont und führen angeregte Gespräche über Gott und die Welt. Dabei driften ihre Dialoge häufig zu tief religiösen und philosophischen Themen ab. Sie diskutieren über den wahren Glauben und kommen überein bei der Ansicht: wer als Sieger aus diesem Kampf hervorgeht, wer den anderen erschlägt, beweist, dass er dem rechten Glauben folgt.

Ferragut ist zwar mächtig stark, aber - wie es bei Riesen in Legenden meistens der Fall ist - nicht besonders schlau. Während einer Kampfpause sitzen die Beiden wieder friedlich beisammen. Roland reicht dem Riesen seinen Weinschlauch, aus dem dieser einen kräftigen Schluck nimmt. Farragut lehnt sich nach einem weiteren Schluck Wein zurück, und wird, benebelt durch den Wein redselig: »Weißt du, Kollege Ritter: du bist tapfer. Aber ich bin so stark, dass mich niemand besiegen kann«, verkündet er stolz und erklärt: »Meine Haut ist so dick, dass kein Schwert sie zu durchdringen vermag. Nur hier am Nabel habe ich eine Stelle, an der ich verwundbar bin. Das verrate ich natürlich niemand. Wie könntest du mich besiegen, wenn du gar nicht weißt, wo du mich angreifen könntest?«.

Roland überlegt eine Weile. Und schüttelt den Kopf. »Ich kann dich gar nicht besiegen, wenn ich die Stelle, wo ich dich verletzen kann, nicht kenne. Außer, wenn ich dich zufällig dort treffen würde. Das wäre ein sehr großer Zufall«. Ziemlich enttäuscht und mit hängendem Kopf denkt er über den weiteren Verlauf des Kampfes nach - keiner hätte die Aussicht, zu gewinnen.

Bevor die nächste Runde beginnt, wendet sich Roland an seinen Onkel, Karl den Großen, und erklärt: »Der Kampf würde endlos gehen. Dieser Riese kann mich nicht besiegen und ich diesen ebenso wenig. Er kann nicht verletzt werden - bis auf diese einzige verwundbare Stelle am Bauchnabel, die er mir gezeigt hat. Aber da niemand von dieser Stelle weiß, kann auch niemand ihn besiegen«.

Der fränkische Herrscher denkt lange nach, schüttelt ratlos den Kopf und sagt: »Wir können nicht einfach aufgeben. Es muss doch irgendeine Lösung geben«. Er entschließt sich, eine Sitzung mit seinen Beratern abzuhalten. Eine Stunde verstreicht - ein Vorschlag wird vorgetragen, verworfen, lange wird über den nächsten Vorschlag diskutiert und dieser ebenso verworfen. Da meldet sich ein Berater zu Wort, der von jeher den Ruf innehatte, besonders weise zu sein: »Wie wäre es, würde unser Paladin den Riesen genau an der Stelle angreifen, die er als die einzige Verwundbare gezeigt hat?«. Ein aufgeregtes Gemurmel folgt: »Seine Ansprache hört sich weise an«, oder »Selten ergreift der alte Mann das Wort. Aber jedes Mal ging es gut aus, wenn wir seinen Rat befolgt haben«. Am Ende stimmen alle ausnahmslos dem Vorschlag zu.

»Erteilt die entsprechenden Befehle«, entscheidet Karl, und Roland wird die Anweisung erteilt, er solle den Riesen dort angreifen, wo er seine einzige Verwundbarkeit offenbart hat.

In der ersten Runde des nun folgenden Kampfes nimmt Roland sogleich Anlauf und rammt dem Riesen seinen Speer genau in diese Stelle.

Der Gigant wird tödlich verletzt und stürzt. Die Erde bebt.

Ferragut ist gefallen.

Seitdem werden viele Kinder in Nájera auf den Namen Ferragut getauft.

Das Hühnerkloster

8. August, Navarrete → Santo Domingo de la Calzada

Von *Navarrette* aus führt der Pfad durch eine karge Landschaft, einige Zeit abwärts und an einer Hinweistafel vorbei. Die informiert, dass auf dem Hügel in der Nähe eine epische Schlacht stattgefunden hätte: Roland gegen den Riesen Ferragut. Auf dem besagten Hügel ist nur ein Funkmast zu erkennen. Sonst nichts, man braucht sehr viel Phantasie. Kurz danach erreiche ich *Nájera*, überquere einen Fluss, habe die Stadt fast schon verlassen, als ich an einem Brunnen die letzte Möglichkeit habe, die Wasservorräte aufzufüllen – die letzte ›Tankstelle‹ vor der Wüste. Ab hier geht es wieder bergauf und man kommt an Ruinen vorbei, gegenüber befindet sich auch ein Kloster - eine Besichtigung würde Eintritt kosten, zudem darf man nicht fotografieren. Vielleicht besuche ich es das nächste Mal.

Nach dem Ort folgen Sandsteinfelsen und ich stehe am Anfang einer Steppenlandschaft. Mittlerweile herrscht eine Gluthitze, keine Wolke hält sich am Himmel. Als echter Pilger verfüge ich über keine Kopfbedeckung, die gleißende Sonne ist auf Dauer aber auch nicht auszuhalten. Mir kommt ein Einfall - ich besitze noch ein feuchtes T-Shirt, das ich um den Kopf wickeln könnte. Es kühlt angenehm. Genial. Auf diese Art kann ich Wäsche trocknen und sie gleichzeitig als Sonnenschutz verwenden - witzig sieht es bestimmt auch aus.

Es kommt mir nach einigen Kilometern durch die Steppe so vor, als stände ich unter dem Einfluss von Drogen - eine Art Bewusstseinserweiterung mit verstärkter Wahrnehmung und dem Gefühl, den Weg fliegend zurückzulegen. Mit ausgebreiteten Armen und geschlossenen Augen sauge ich alle Energie der Erde auf, fühle mich unzerstörbar. Ich bin *Conan der Barbar*, ein unbesiegbarer Held und der Herr der Wildnis.

Vielleicht hat es eine ähnliche Wirkung, wenn man dehydriert ist und ich befinde mich in einem Rausch. Der noch den folgenden Tag anhält - zum Glück bleiben die sonst bei Drogen üblichen Nachwirkungen aus.

Ich hatte es mir zur Gewohnheit gemacht, in den Kirchen, die ich besichtige, immer ein paar Kerzen anzuzünden. Genaugenommen sind es Glühbirnen, die sich anschalten, wenn man eine Münze in einen Kasten wirft. Einwurf 10 Cent und jemand Gutes wünschen, Familienangehörigen, Verwandten, Freunden. Irgendwann fällt mir dann keiner mehr ein, für den ich noch gute

Wünsche übrig hätte. Dann eben für diejenigen, über die ich mich schon viele Jahre geärgert habe. Ein Licht mit dem Wunsch für bessere Einsicht. Anfangs hatte ich nicht an eine Wirkung geglaubt - primär gedacht, so eine kleine Spende kann nicht schaden und die Aufrechterhaltung der Kirchen muss auch irgendwie finanziert werden. Mit der Zeit komme ich mir so vor, nach Wünschen für jemand, den ich noch nie leiden konnte, über den Dingen zu stehen. Ein Moment der euphorischen Stimmung, in der ich Dämonen der Vergangenheit hinter mir lasse und nur noch an das Hier und Jetzt denke.

Die Gruppe der Koreaner, mit denen ich in *Torres del Rio* Bekanntschaft gemacht hatte, treffe ich später wieder - zusammen wandern wir weiter über einen Schotterweg durch die Felder. Bald darauf begegnen wir Schweizer Pilgern, die mit einem Pferd unterwegs sind, von denen wir erfahren, dass sie den Jakobsweg jedes Jahr ein Stück weiter fortschreiten würden - jeweils in zwei-Wochen-Etappen. Ausgerüstet mit einem Pferdeanhänger, um nach Spanien zu kommen, beginnen sie jeweils an der Stelle, von der sie das vorherige Jahr zurückgefahren sind.

Einige Wasservorräte besitzen die Schweizer noch und bieten diese großzügig an – was ich gerne annehme, denn meine eigenen hatte ich vollständig aufgebraucht. Sie verschenken auch Flaschen mit Wein von *Navarra*. Der wäre nicht so gut wie Wein von *Rioja* und dafür bräuchten sie jetzt Platz. Im Moment suchen sie, wie ich in einer Unterhaltung erfahre, nach einer Möglichkeit, ihr Pferd für die Nacht unterzubringen.

Bei einer kleinen Sportler-Siedlung treffe ich die Koreaner wieder – sie waren etwas vorausgeeilt und hatten sich kurzfristig entschieden, ihre Tagesetappe hier zu beenden, sie schlagen mir das gleiche vor. Eine Unterkunft hätten sie schon gefunden, es gäbe Einzelzimmer. Das überdenke ich kurz, da es später Nachmittag ist. Aber mir sagt das gar nicht zu, 35 Euro für ein Zimmer, gegenüber von einem Tennisplatz und überhaupt nichts Sehenswertes in der Umgebung.

Um noch eine Chance auf ein freies Bett in der nächsten Stadt zu haben, ist Tempo angesagt - ich laufe die letzten 5 Kilometer ohne Pause, noch halb im Rauschzustand.

Die außergewöhnliche mittelalterliche Stadt, in der ich ankomme, trägt den Namen *Santo Domingo de la Calzada* – der heilige *Domingo* der Straße. Der Ortsname geht auf eine Legende zurück, eines Heiligen, der sich um die Versorgung von Pilgern gekümmert, gepflasterte Wege errichtet und Brücken gebaut, und einen zum Galgen verurteilten Pilger vor dem Tode bewahrt haben soll.

Die erste Herberge ist ein Kloster, dort wird mir aber mitgeteilt, alle Betten wären belegt. Es würde noch eine andere Herberge geben, ein weiteres ehemaliges Kloster mit Übernachtungsmöglichkeit - nur ein paar Meter entfernt. Dort werde ich nun von einem sehr gut gelaunten Italiener mit ausgezeichneten Englischkenntnissen begrüßt und einer Spanierin, einer Blondine, welche die Ausstrahlung einer Unternehmens-Personalchefin innehat und mir zuallererst einen Becher mit kaltem Wasser in die Hand drückt. Sehr erfrischend.

Für mich wird ein Bett reserviert und der obligatorische Stempel in den Pilgerausweis gedruckt. Wenn ich Bedarf hätte, wird mir angeboten, könnte ich mich an den Physiotherapeuten des Hauses wenden. Zahlen müsste ich nichts, da die Herberge auf Freiwilligkeit basiert - ich sollte am nächsten Morgen eine Spende in einer Box einwerfen.

Der italienische *Hospitalero* führt mich durch die Klosterherberge, während ich hinterher humple, besonders bei den Treppenstufen leide ich unter übelsten Gelenkschmerzen. Alles in der umfangreichen Klosteranlage mit Garten wurde offensichtlich neu renoviert, der große Aufenthaltsraum ist eingerichtet mit Ledersofas, in der Küche stehen Automaten, die Nahrungsmittel zu sehr günstigen Supermarktpreisen anbieten. Im Innenhof befindet sich ein großer Garten mit Tischen und Bänken, eine Waschecke mit Wäscheleinen. Und *Santo Domingo* zu Ehren befindet sich dort auch ein Hühnerstall!

In der Empfangshalle sehe ich den Physiotherapeuten, der ziemlich beschäftigt damit ist, Beine zu massieren oder Pilgern die Füße zu flicken. Nachdem ich meinen Rucksack im Schlafraum deponiert habe, mache ich mich als Erstes auf den Weg zu einer Stadtbesichtigung und auf die Suche nach einer Bar, bei der ich diese vorzüglichen spanischen Tortillas bekomme.

In dem Ort gibt es einige Sehenswürdigkeiten zu entdecken. Der Gründer hatte eine gepflasterte Straße erbaut, die ursprünglich durch die Stadt geradeaus führte. Nur um die Kathedrale herum führt heute ein Bogen. Hier wurde der Heilige begraben - unter der Straße, die er einst selbst erbaut hatte. Später wurde über seinem Grab die Kathedrale errichtet. Ihm zu Ehren soll es darin auch einen Hühnerstall geben - für eine Besichtigung komme ich nach den angegebenen Öffnungszeiten leider zu spät.

Dafür ist der Turm noch geöffnet und ich beeile mich, zum Eingang zu kommen. Eine Spanierin an der Eingangskontrolle erklärt, ich müsste erst eine

Eintrittskarte besorgen und mich beeilen, weil in wenigen Minuten das Büro der Touristeninformation schließt. Wenigstens den Turm will ich noch besichtigen und laufe gegenüber zum Tourismusbüro. Dort entgegnet die Angestellte des Ticketverkaufs, ich käme zu spät, der Turm hätte schon geschlossen. In Spanisch versuche ich zu erklären, was mir die Spanierin gegenüber beim Eingang gesagt hatte, bleibe aber erfolglos.

Zurück auf der anderen Seite, beim Eingang des Turms, erzähle ich traurig, man wollte mir jetzt kein Ticket mehr verkaufen. Ohne Eintrittskarte werde ich ausnahmsweise durchgelassen und besteige den Turm, einen der höchsten weit und breit, auf dem man von einer großartigen Aussicht über die ganze Stadt und ihre Umgebung belohnt wird.

Leider treffe ich in der Unterkunft niemanden wieder, den ich einigermaßen gut kenne, begebe mich zeitig zur Nachtruhe. Zwei Südamerikanerinnen folgen später, die auf dem Stockbett gegenüber schlafen und nur mit Bikini bekleidet sind. Interessante Aussicht. Nur Schlaf finde ich keine einzige Sekunde, da meine Beine wie verrückt brennen. Die ganze Nacht. Und sehr, sehr schmerzhaft.

Am nächsten Tag, bei Sonnenaufgang, bin ich immer noch wach, als der Hahn im Klostergarten die Sonne mit einem lauten Krähen begrüßt. Fast unbeweglich humpele ich morgens durch das Kloster, sehr langsam, Stufe für Stufe, die Treppe hinunter. Mit dem Gefühl, als würden meine Füße bei jedem Schritt von einem Blitz getroffen.

Das Hühnerwunder von Santo Domingo de la Calzada

Drei Monde sind ins Land gegangen, seit die Pilgerfamilie aus Xanten die heilige Stätte Santiago verlassen hat und zum Rückweg aufgebrochen war. Abermals hat die Familie diese unwirtlichen Gebirgszüge der Montes de Oca überquert, die kastilische Hochebene hinter sich gelassen, das Königreich Navarra erreicht und nähert sich der Stadt. Wieder drängen sich Tränen in ihre Augen, als die Erinnerung an die vergangene Tragödie in ihnen erwacht. An das traurige Schicksal, das auf dem Weg nach Santiago ihrem Knaben Siegfried widerfahren war. Der den Namen des legendären Helden von seinen Eltern bekommen hat, in der Hoffnung, dass sich ihr Sohn ebenso zu einem starken und edlen jungen Mann entwickeln würde.

Wenn sie diese Siedlung erreichen, so war es beschlossen, wollten sie zuerst Siegfrieds Grab besuchen. In Trauer versunken setzen sie ihren Weg schweigend fort, als sie von lauten Rufen aus ihren dunklen Gedanken gerissen werden. Gewahr werden sie sich dessen Ursprungs und erkennen, diese Rufe rühren von einem Feld neben der Stadt her, vom Richtplatz. Dort, wo ein einzelner Galgen steht. Ein Schatten ist dort zu erkennen, etwas, das am Seil hängt und im Wind baumelt.

Eilig begeben sie sich dorthin und erkennen augenblicklich, wer am Strang aufgehängt ist: Siegfried, ihr Knabe.

»Wie kommt es, dass du dort oben noch immer hängst?«, fragt der Vater ihn verwundert, »wir wähnten dich tot«

»Dem Tode bin ich entronnen, wie Ihr vermutlich erkennen könnt«, entgegnet der Junge, »seit sechs Monden hänge ich nun hier. Gehalten hatte mich über die vielen ungezählten Tage der heilige Dominikus - damit ich nicht stranguliert werde. Er hat mich vor dem Tode bewahrt. Jedoch würde es mich auch sehr freuen, wenn ich wieder heruntergelassen würde.«

Die Familie berät sich, kommt aber zu der Erkenntnis: sie dürfen ihn nicht ohne amtliche Erlaubnis von dem Galgen herunternehmen, denn er wurde verurteilt.

»Wir werden in die Stadt schreiten und dort den Richter aufsuchen«, beschließt der Vater, »und sehen, ob wir etwas für deine Freilassung erreichen können«, worauf der hängende Sohn lamentiert: »In Ordnung. Ich harre derweil hier aus. Ehedem vermag ich nicht zu fliehen.«

Die Familie begibt sich darauf in die Stadt, auf die Suche nach dem Richter. Der über diesen Fall entscheiden möge. Vor einem Wirtshaus entdecken sie ihn, der gerade bei seinem Mittagsmahl mit Wein und Brathühnern zu Tische sitzt.

»Wer wagt es, mich bei meiner wohlverdienten Brotzeit zu stören?«, empört er sich laut,»Ich hoffe, das, was ihr vorzutragen habt, ist wichtig.«

Der Vater erzählt die Geschichte, wie sie ihren Sohn am Galgen hängend vorgefunden haben. Lebend. Zwar sei er verurteilt worden, da ihm vorgeworfen wird, einen Silberpokal gestohlen zu haben. Derzeit schaue er jedoch die ganze Zeit auf das kahle Feld herunter, wird permanent beobachtet von Raben, die darauf warten, dass sie endlich eine gute Mahlzeit bekommen. Traurig und hilflos sei der Junge.

Die Mutter bemerkt unter Tränen, man könne dem Jungen doch nicht zumuten, dort bis in alle Ewigkeit zu hängen.

Der Richter hört sich die Erzählung ruhig an und zieht nachdenklich die Stirn kraus. Jedoch, nachdem der Vortrag sein Ende gefunden hat, schüttelt er sich vor Lachen, verschluckt sich dabei und bekommt einen Hustenanfall. Nachdem er sich wieder beruhigt hat, räuspert er sich und entgegnet:»Ihr Rheinländer seid ein lustiges Volk und wollt mich wohl auf den Arm nehmen. Die von euch vorgetragene Geschichte ist genauso wahr, wie diese Brathühner fliegen und gackern können!«

In dem Moment erheben sich die Hühner und fliegen laut gackernd davon. Mit erstarrtem Blick betrachtet der Richter abwechselnd seinen nun leeren Teller und jene zum Leben erwachten Hühner, die munter und aufgeregt umherflattern. Nach einem Moment der Verwirrung wird ihm bewusst, dass sich gerade ein Wunder ereignet hat.

»Wir werden den Prozess nochmal neu aufrollen. Wie sagtet ihr?«, er steht mit entschlossenem Gesichtsausdruck auf,»Der heilige Dominikus hätte persönlich eingegriffen und euren Sohn vor dem Tode bewahrt? Wohl denn - der Heilige wird die Wahrheit kennen. So ist euer Junge also unschuldig.«

Am folgenden Tag wird ein Rat unter der Leitung des Richters einberufen. Die Tochter des Wirts, die den Jungen des Diebstahls beschuldigt hatte, wird erneut vernommen. Zuvor hatte der Knabe, der für seine Zeugenaussage vom Strang geholt worden war, seine Unschuld beteuert. Die Wirtstochter beharrt jedoch auf ihrer früheren Aussage.

»Eure Aussage ist unwahr!«, weist der Richter sie zurecht,»denn ich bin zu dem Schluss gekommen, dass ihr euch an einem Unschuldigen rächen wolltet. Er hat eure Liebe verschmäht, ihr wurdet von ihm zurückgewiesen. Schaut ihn euch nur an, den blonden jungen Mann. Kein Unrecht könnte er begehen«. Er wendet das Wort an einen Büttel:»Den Beweis möge man nun allen Anwesenden vorführen«. Darauf werden zwei laut gackernde Hühner in den Saal geführt.

Das Gericht kommt zu einem übereinstimmenden Ergebnis, sogleich wird das Urteil vollstreckt: die Wirtstochter wird gehängt. Der Gerechtigkeit ist Genüge getan.

Fröhlich singend, den Heiligen Dominikus preisend, zieht die wiedervereinte Pilgerfamilie von dannen. Den weiten Weg zurück, in ihre Heimat.

Auf dem *Camino Portugés* begegnet einem die fast gleiche Geschichte wieder: Ein Hahn, der einen unschuldig verurteilten Pilger vor dem Tode errettet. Die Legende des *Gallus von Barcelos* - der Hahn wurde in Portugal zum nationalen Symbol erhoben.

Gebet wider die Todsünde

9. August, Santo Domingo de la Calzada → Villafranca Monte de Oca

Nach dem Verlassen der mit der Hühnerlegende verbundenen Klosterstadt *Santo Domingo de la Calzada* überquere ich als Erstes eine Brücke, die von dem Heiligen selbst errichtet wurde - über den *Rio Oja*, den Namensgeber der kleinsten spanischen Region *La Rioja*. Nach dem nächsten kleinen Ort und nachdem ich einen Pass überquert habe, ist die Nachbarregion schon in Sichtweite, *Kastilien und Léon*, die größte Region Spaniens.

Man durchquert auf dem Jakobsweg mehrere Sprachgebiete, zu Beginn Französisch, dann Baskisch, das mit keiner anderen Sprache Ähnlichkeiten besitzt. In der Mitte Kastilisch - für uns entspricht das der spanischen Sprache, da diese zur Hochsprache erhoben wurde. Am Ende Galicisch, das dem Kastilischen recht ähnlich ist, mit Tendenz zu Portugiesisch. Die Bekanntschaft mit dieser Sprache liegt zu dem Zeitpunkt noch vor mir, Galicien werde ich erst zwei Wochen später erreichen.

Die erste Stunde schreite ich nur sehr langsam vorwärts, da meine Fußgelenke nach jeder längeren Pause immer unbeweglich und steif werden. Nach fünf Kilometern humpelnder Fortbewegung sind meine Füße aufgewärmt und ich kann den Weg in normaler Geschwindigkeit fortsetzen. Den Effekt bemerke ich jeden Morgen, heute fällt mir das Phänomen besonders intensiv auf.

Ich begegne einer Pilgergruppe, die sich gerade auf gymnastische Übungen konzentriert. Nach einer kurzen Begrüßung schwärmt mir einer der Gruppe vor, er wäre gestern bei dem Physiotherapeuten in *Santo Domingo* gewesen, dieser hätte ihm eine Übung gegen Schmerzen in den Schultergelenken empfohlen. Man sollte ab und zu eine Pause machen, den Rucksack abnehmen, abwechselnd die Arme kreisen lassen, um die Schultergelenke zu entlasten. Ich bedanke mich für die Weiterempfehlung des Tipps. Schmerzen nehme ich ebenso in den Schultern wahr - wenn ich den Rucksack mal auf der rechten, mal auf der linken Seite und dann zeitweise auf dem Bauch trage, kann ich das Schultergelenk entlasten, ohne eine Pause mit Gymnastik einzulegen. Nach einigen Kilometern sehe ich einen Pilger, der seinen Rucksack mit einem Gestell auf Rollen hinter sich herzieht. So geht es auch.

Unterwegs hatte ich öfters Pilger gesehen mit einem T-Shirt, das bedruckt ist mit dem Slogan: ›Sin dolor no hay gloria!‹ - ohne Schmerz kein Ruhm. Ein wichtiger Bestandteil des Pilgerns, der Schmerz in den Füßen und Gelenken, intensiviert auch das Gefühl, sich im Hier und Jetzt zu befinden - sonst hätte ich mich wahrscheinlich oft gefragt, ob ich mich in einem Traum befände

In der nächsten Stadt *Belorado* gibt es nach einer Hinweistafel *Cuevas* - Tropfsteinhöhlen zu besichtigen. Nach einem mittäglichen Pilgermenü rechne ich mir den Zeitbedarf für eine Höhlentour aus. Es würde aber zu knapp, um danach die Etappe zu beenden, die ich mir für den Tag vorgenommen habe.

Die nachmittägliche Gluthitze ist kaum noch auszuhalten. Meine Wasservorräte sind erschöpft, kein Brunnen in dem Ort zu finden. Am Ende von Belorado fällt mir ein Garten ins Auge, in dem ein Rasensprenger kühles Nass versprüht.

Da habe ich eine Idee. Als echter Pilger muss man sich den gegebenen Verhältnissen anpassen und notfalls kreativ sein - man kann das Pilgern auch als eine Herausforderung im Survival-Stil auffassen. Bei dem Wassersprenger fülle ich meine Wasserflasche auf, bin danach zwar ein vollkommen durchnässter Pilger, etwas später beim Wandern in der Hitze empfinde ich dieses sogar als sehr angenehm: die wasserdurchtränkte Kleidung hat eine effiziente Kühlwirkung.

Auf einem Hügel in der Ferne erspähe ich einige Höhlen. Beim zweiten Blick erkenne ich noch mehr Details, es ist eine Höhlenkapelle bei *Tosantos* - was *alle Heiligen* bedeutet. Diese außergewöhnliche Kapelle würde mich schon sehr interessieren. Jedoch die Entfernung, um diese zu besichtigen, scheint unüberwindbar - ich will jeden Umweg vermeiden. Die Hitze wird fast unerträglich.

Vom Himmel brennt unerbittlich die Sonne, gleißend hell wird das Licht von den Feldern reflektiert, während der Pfad sich weiter aufwärts zieht. Bald nur noch mit einem nassen T-Shirt auf dem Kopf, fixiert mit einem Knoten, und einer dunklen Sonnenbrille ist die nachmittägliche Hölle noch zu überstehen.

Wenn ich durch die Ortschaften laufe oder jemand entgegenkommen sehe, nehme ich die Kopfbedeckung für einen Moment ab. Denn ich befürchte, jemand könnte sich erschrecken und denken: *ein Bandit!* Oder - vielleicht sieht die Maskerade auch etwas peinlich aus.

Auf die Idee mit dieser Kopfbedeckung hat mich die Erinnerung an Berichte von Piraten vor Somalia gebracht. Es ist schon sehr praktisch - mit dieser Variante als Kopfbedeckung trägt man kein zusätzliches Gewicht. Im Vergleich zu einem Sombrero hat ein nasses T-Shirt auch den zusätzlichen Kühleffekt. Als ich in das nächste Dorf gelange, *Riojilla Burgalesa*, finde ich doch noch einen Brunnen - perfekt, um mich mit neuen Wasserreserven zu versorgen.

Der Weg führt weiter voran über Serpentinen aufwärts, bis ich den Fuß einer Gebirgskette erreiche. In *Villafranca Monte de Oca* erkundige ich mich in der ersten Herberge nach einer Schlafmöglichkeit. In dieser privaten Unterkunft gegenüber der Kirche wird mir jedoch gleich entgegnet, alle Betten in den Schlafsälen wären ausgebucht. Nur das vorletzte Einzelzimmer für 35 Euro wäre noch frei. Das sagt mir aber nicht zu - nicht nur aufgrund des Preises, sondern weil man keine Möglichkeit hat, neue Pilger kennenzulernen.

Unterhalb der Straße, über die endlose Lastwagenkolonnen rasen, befindet sich die öffentliche Pilgerherberge, in der noch einige Plätze im Schlafsaal frei sind.

Nachdem ich meine Kleidung gewaschen und auf die Leine im Hinterhof gehängt habe, versuche ich, mich auf meinem Stockbett von der anstrengenden Etappe auszuruhen. Bald betritt ein Pilger den Schlafsaal, recht jung, schätzungsweise 18 – 20 Jahre alt, der das Stockbett neben mir gebucht hat - der die manifestierte Hektik in Person zu sein scheint. Während ich versuche, mich etwas zu entspannen, trommelt er mit seinen Fingern gegen den Rahmen seines Stockbettes und murmelt dabei vor sich hin, steht wieder auf, läuft aus dem Raum heraus, kommt wieder herein und trommelt auf dem Bettgestell herum. Das wiederholt er einige Male. Nach einiger Zeit werde ich dadurch selbst nervös - die Idee mit dem Ausruhen kann ich unter diesen Umständen absolut vergessen.

Spät Abends, ich versuche gerade einzuschlafen, taucht der extrem nervöse Pilger wieder auf. Als er in seinem Bett liegt, höre ich, wie er ein intimes Bedürfnis befriedigt und dabei hektisch das Vaterunser betet. Nach einer Weile scheint er sich halbwegs beruhigt zu haben. Ich versuche, noch etwas Ruhe zu finden und zu schlafen.

Als Nachtruhe kann ich die Zeit, bis sich die Sonne am Horizont zeigt, nicht bezeichnen – *Villafranca Monte de Oca* ist ein Nadelöhr für Schwerlast-Transporte über den Pass. Und dieses Nadelöhr liegt direkt vor den undichten Fenstern des Schlafsaals.

Ein Pilger droht, sich zu erhängen

10. August, Villafranca Monte de Oca → Burgos

Am nächsten Morgen, nachdem ich zwischen den LKW-Kolonnen eine Lücke gefunden und die Schnellstraße überquert habe, führt der Weg steil aufwärts, durch Wald, über einen Bergkamm - die Sierra von *Monte de Oca*. Den Namen kann man leicht falsch interpretieren und *Oca* mit Gans übersetzen. Jedoch ist der Namensgeber Auca, eine ehemalige römische Siedlung.

In dem Gebirge von Monte de Oca findet man einige Höhlen, die zeitweise von Banditen bewohnt waren. Im Mittelalter war diese Strecke berüchtigt als der gefährlichste Teil des Jakobsweges, deshalb hatten sich Pilger zum Schutz vor Überfällen zu Gruppen zusammengeschlossen. Auf diesem Abschnitt des Weges widmete der Heilige San Juan de Ortega sein Leben dem Schutz der Pilger.

Nachdem ich den Pass überquert habe, führt der Weg an einer Gedenkstätte vorbei, die den Opfern des spanischen Bürgerkrieges gewidmet ist. Danach wird es eintönig - eine Wanderung durch 10 Kilometer Baumplantage. Die endlosen Baumreihen lichten sich und ich begegne wieder der ›berittenen Garde‹ - den Schweizern, die mit ihrem Pferd unterwegs sind. Nicht weit von dieser Stelle entfernt erhebt sich eine Klosterkirche vor mir. Bunte Fahnen wehen vor der Fassade im Wind.

Die Grabstätte des Heiligen *San Juan de Ortega!* Eine Art Museum – Steinsäulen, die das Gewölbe tragen, deren Kapitele mit zahlreichen Skulpturen besetzt sind, erzählen Geschichten. In Stein gemeißelte Legenden, der Kampf von Ritter Roland gegen den Riesen Ferragut. Reich verzierte Sarkophage verströmen eine Ehrfurcht gebietende Aura.

Mystische Orte, an denen Heilige ihre letzte Ruhe gefunden haben, müssen in früheren Zeiten wie ein Magnet gewirkt und ein Gefühl der Sicherheit vermittelt haben. Rundherum sind weitere Gebäude entstanden, bald größere Siedlungen. Jedoch an diesem Ort, in dem sich der Heilige *San Juan* so liebevoll um Pilger gekümmert hatte, scheint die Entwicklung irgendwann stehen geblieben zu sein – das Kloster und die Kirche, an die eine Bar sowie ein paar Häuser gebaut sind, mehr ist hier nicht zu finden. Übertrieben wäre, diese von der Welt vergessene Siedlung als Dorf zu bezeichnen.

Später – *San Juan de Ortega* habe ich einige Zeit hinter mir gelassen – folgt eine Landschaft, die mit Steinkreisen verziert ist. Jemand hatte wohl versucht, Kontakt mit Außerirdischen aufzunehmen und Botschaften zu senden. Ich durchquere das Dorf *Atapuerca* - laut Hinweistafel wurden hier fossile Überreste von Steinzeitmenschen gefunden. Die lasse ich, nachdem ich meinen Wasservorrat aufgefüllt habe, hinter mir liegen und überquere einen weiteren Pass - dieser führt durch eine Felswüste und an einem Zaun vorbei, der ein militärisches Sperrgebiet abriegelt. Erneut Steinkreise – was mögen sie den Außerirdischen mitteilen? Vielleicht: Achtung, hier striktes Landeverbot.

Wie ich später erfahre, hätte es einen grünen Alternativweg gegeben - wäre ich zu einem Fluss abgebogen. Von dem ich im Moment keine Kenntnis habe, daher folge ich den Markierungen des Jakobswegs eine langweilige Straße entlang, viele Kilometer parallel zum Sicherheitszaun des Flughafens, etliche Kilometer weiter durch Industriegebiet, über einen gepflasterten Fußweg. Lange Zeit über Stein zu wandern, ist tödlich für die Füße und verursacht höllische Gelenkschmerzen.

Endlich komme ich im Zentrum von *Burgos* an und begebe mich durch die Altstadt, vorbei an unzähligen alten Bauwerken, zur Herberge. Diese befindet sich in einem ehemaligen Kloster, der Weg ist ausgeschildert. Ich stelle mich als Pilger vor und frage nach einer Schlafmöglichkeit, worauf die Dame am Empfang mit Bedauern erklärt, heute wären die Plätze schon komplett ausgebucht. Es gäbe jedoch, erzählt sie, weitere Übernachtungsmöglichkeiten bei einem Campingplatz - dorthin solle ich am Besten mit dem Bus fahren. Sie schreibt mir die Abfahrtszeiten auf: die nächste Möglichkeit wäre in 15 Minuten und das Busterminal nur ein paar Minuten zu Fuß entfernt. Nachdem sie meinen Pilgerausweis gestempelt hat, zieht sie einen Stadtplan aus der Schublade, zeichnet die Route zur Busstation auf und kreuzt die Position des Campingplatzes an. Wie ich dorthin gelangen kann, erklärt sie sehr ausführlich. Spanier sind viel ausgeglichener als Deutsche, üblicherweise nehmen sie sich für alles viel Zeit - und vergessen die Zeit irgendwann.

Zwischendurch schaue ich auf die Uhr: es verbleiben nur noch 4 Minuten bis zur Abfahrt. Hastig verabschiede ich mich und renne zum Bus, der an der Station schon wartet.

Die Fahrt zum Campingplatz ist der schmerzhafteste Teil der ganzen Tagestour, ein Stehplatz und das Fahrzeug mit einem völlig kaputten Getriebe - der Fahrer kann nur sehr langsam beschleunigen, das Fahrzeug vibriert dabei derart stark, dass es mir durch Mark und Bein dringt. Besonders durch Bein. Nahezu ins Unerträgliche steigern sich die Schmerzen in den Gelenken und an den Füßen, bis der Bus endlich hält.

Beim Campingplatz komme ich zusammen mit einem älteren Spanier an, der am Empfang droht: wenn er auch hier kein Bett fände, würde er sich erhängen. Eigentlich muss ich zugeben, dass ich kein Wort davon verstanden habe - die spanische Sprache lebt aber davon, Worte mit ausschweifenden Gesten zu untermalen. Und die Handbewegung des Spaniers mit einer verzerrten Grimasse und heraushängender Zunge war eindeutig.

Der Spanier hat Glück und entkommt dem Strang, auch für mich findet sich noch ein Platz. Die Schlafsäle beim Campingplatz sind kleine, spartanisch eingerichtete Hütten, in denen vor allem Radpilger die Nacht verbringen.

*

Burgos besichtige ich am nächsten Morgen. Vom Campingplatz in die Stadt führt ein Weg am Fluss entlang – das wäre am Vortag die bessere Variante des Weges gewesen.

Die zahllosen Räume der Kathedrale von *Burgos* quellen über vor Prunk, Reliquien von Heiligen und Königen, Sarkophagen, Altären, alles in Gold und Silber – ich durchschreite die altehrwürdigen Hallen, in denen seinerzeit die Könige von *Kastilien und Léon* gekrönt wurden. Wahrscheinlich erkennt man hier allerlei historische Sehenswürdigkeiten, wenn man sich intensiv mit der Geschichte der mittelalterlichen Königreiche von *Kastilien und Léon* beschäftigt hat. Die mir weitgehend unbekannt ist - ich bin mit dem ganzen Prunk überfordert. Beim Rundgang durch das kolossale Gebäude begegne ich noch einer sehr hübschen blonden Belgierin, die zwei Tage zuvor auch in der Herberge von *Villafranca* übernachtet hatte. Nur ein kurzer Gruß, das ist alles - schade. Sie scheint der Typ Einzelgänger unter den Pilgern zu sein.

Nach der Kathedrale mache ich noch einen Schwenk aufwärts zur Burg von *Burgos* - vielleicht ein Highlight, wenn die Stadt nach der Burg benannt ist. Der Aufstieg hat sich nicht gelohnt, außer restaurierten Mauern gibt es nichts zu besichtigen. Weiter - die nächste Etappe wartet.

Die Oase und der Geist

11. August, Burgos → Hornillos del Camino

Nachdem ich die Wegmarkierungen wiedergefunden habe, führen diese erst am Fluss entlang, danach steigt der Pfad an und führt in die Hochebene. Vereinzelte Ruinen finden sich abseits des Weges, Felder von Sonnenblumen sorgen für Farbe. Ab und an passiere ich noch ein Bauerndorf, ein letztes Mal begegne ich den Schweizer Pilgern mit ihrem Pferd. Den Rest des Weges sehe ich nur noch weiten Horizont und Landschaft.

Abgeerntete Felder sind alles, was auf eine Existenz von Zivilisation hinweist, ich begegne kaum noch Pilgern. Zum Glück habe ich auf meinem Smartphone einige Hörbücher für lange Wegstrecken – so gestalten sich wenig abwechslungsreiche Wanderungen etwas kurzweiliger. Es wird Nachmittag, als ich in einiger Entfernung sehe, wie der Pfad von der Hochebene in ein Tal hinabführt.

Ein überwältigender Anblick. Vor mir im Tal befindet sich die Oase - eine kleine Siedlung, noch in weiter Entfernung, inmitten einer Savannenlandschaft. Ich hoffe, dass es keine Fata Morgana ist. Zum Glück ist es keine und nach einigen Kilometern habe ich *Hornillos del Camino* erreicht. Der Ortsname *Hornillos* bedeutet kleine Brennöfen und lässt vermuten, dass hier Ziegel gebrannt oder Materialien geschmolzen wurden.

Ein Fahrradpilger war vor mir in der Unterkunft angekommen und wir warten zusammen einige Minuten auf die Herbergsverwalterin. Nachdem sie uns die Stempel in die Pilgerdokumente gedruckt hat, diskutiert sie einen Moment mit dem Fahrradfahrer. Er wird abgewiesen. Mich begleitet sie über die Straße zu einer Zweitunterkunft der Herberge und ich bekomme im Schlafsaal – in dem ich auch die koreanischen Pilger wiedertreffe - ein Bett für die Nacht. Es war das letzte verfügbare in der Siedlung und mir wird klar, warum der Fahrradpilger fortgeschickt wurde. Eine Priorität unter den Pilgern sieht vor, wer zu Fuß unterwegs ist, hat in den öffentlichen Herbergen Vorrang vor Fahrradfahrern.

Diese zweite Unterkunft der Herberge scheint eine Klinik zu sein. Auf der Suche nach der Dusche öffne ich versehentlich die Tür zu einem Wartezimmer für Patienten.

Gegenüber liegt das einzige Restaurant des Dorfes, ein Pilgermenü ist im Angebot. Als ich mich in den Speisesaal begebe, treffe ich den Spanier wieder,

der in Burgos gedrohte hatte, sich zu erhängen. Er hat einen Brasilianer kennengelernt, mit dem er am Tisch sitzt - beide sind mit ihrem Menü fast fertig und fordern mich freundlich auf, bei ihnen Platz zu nehmen. Ich setze mich dazu und bestelle mir das Pilgermenü und eine Flasche Wein. Als mir diese serviert wird, bedienen sich die beiden großzügig daran. Da sie zu zweit bestellt hatten, mussten sie sich eine Flasche Wein teilen und haben immer noch Durst – dabei wird mir klar, was sie dazu bewegt hatte, mich so freundlich an ihren Tisch zu bitten.

Die Nacht in dieser abgelegenen Provinz ist sehr erholsam und zwischen den Sternen schwebt ein leuchtender Halbmond in einem ruhigen weißen Licht, der über die schlafenden Pilger wacht.

*

Ein Portugiese lässt sich morgens die Füße bandagieren von einer sehr netten Pilgerin. Dabei flunkert er uns Einiges vor, er wäre James Bond, auf dem Weg inkognito unterwegs. Attraktiv genug wäre er jedenfalls für diese Rolle, Humor besitzt er auch. Wäre ich eine Frau oder würde auf Männer stehen, wäre er noch interessanter. Während er seine Füße von seiner Pilgerfreundin verarzten lässt, kommentiert er dies: »Der Geist des Jakobswegs ist, sich gegenseitig zu helfen«. Die Aussage hatte mir sehr gut gefallen und später habe ich gedacht: Eine spirituelle Sicht der Dinge - vielleicht sollte ich das Zitat bei Gelegenheit vorbringen, wenn ich ebenso Hilfe benötige.

Geheimnisvoll erzählt der Portugiese von einem anderen, kürzeren Jakobsweg namens *Camino Primitivo*. Dieser existierte schon viel früher als der *Camino Francés*, war lange Zeit in Vergessenheit geraten und kürzlich wiederentdeckt worden. Und würde durch eine sehr schöne Gebirgslandschaft führen. Sein Vortrag setzt sich mir im Gedächtnis fest, der antike Weg wäre vielleicht etwas für die nächste Tour.

Die aufsteigende Sonne am Horizont meldet sich mit goldenem Glanz - Aufbruch zur nächsten Etappe!

Erdhöhlen

Man sieht nur eine Tür. Dahinter befindet sich eine in die Erde gegrabene Höhle, die den Bewohnern gleichzeitig als Wohnzimmer, Küche, Schlafzimmer und für ihre Habseligkeiten dient. So wohnen die Hobbits im Auenland nach der Beschreibung Tolkiens. Solche Erdhöhlen sind auch die Wohnstätte von Familien, die in der spanischen Hochebene leben.

Bevor man den Ort erreicht, führt die asphaltierte Straße mitten durch ein Kloster, genaugenommen handelt es sich um die mittelalterliche Ruine des Konvents *San Anton* aus dem 15. Jahrhundert, die sich kurz vor *Castrojeriz* befindet. Nach dem Durchqueren der Ruine kann man schon die ersten Gebäude der Stadt sehen - eine große Kirche, die über alles hinausragt und im Hintergrund einen Tafelberg, auf der eine Burgruine zu erkennen ist. Die Burg stammt aus dem 9. Jahrhundert, teils sind Mauerreste auch aus römischer sowie westgotischer Zeit vorhanden - die Überreste einer älteren Siedlung namens *Castrum Sigerici*, das Kastell des Westgotenkönigs *Sigerich*.

Nach der Anmeldung in der Herberge - zwei Pilgerinnen aus Bayern lerne ich dort noch kennen, die ebenso in *St.-Jean-Pied-de-Port* gestartet sind - will ich die Ruine besichtigen. Dorthin gelange ich, so ist meine Idee, wenn ich einfach über die Straße in Richtung Burg den Hügel hinauf wandere. Oben vollzieht die Straße jedoch eine Kehre und führt wieder in die Stadt zurück. Dabei entdecke ich etwas sehr Ungewöhnliches: Erdhöhlen im Tafelberg oberhalb von *Castrojeriz*.

Aber wie komme ich hinauf zur Burg? Ein zweiter Versuch: ich laufe an der Straße entlang, aus *Castrojeriz* hinaus und durch Felder, gegen den Uhrzeigersinn und ganz um den Berg herum, am Ende stehe ich wieder am Ortseingang. In dem Moment entdecke ich einen gut versteckten Wegweiser: ›zum Castillo‹. Endlich habe ich den Weg, der hinaufführt, gefunden. Serpentinen aufwärts folgend - fast bin ich schon bei der Burg angekommen, fährt ein Auto an mir vorbei, ein paar Handwerker steigen aus und machen sich an die Arbeit beim Mauerwerk. Die Ruine selbst kann man nicht besichtigen - Restaurierungsarbeiten, die jedoch ganz am Anfang stehen. Schade. Wenigstens wird man hier oben mit einer grandiosen Aussicht in die Ebene belohnt.

Eine Zeitreise

Wie wäre es, könnte man mit einer Zeitmaschine in andere Zeiten reisen, das geheimnisvolle Mittelalter miterleben? Einer der großen Träume der Menschheit. Hier, auf dem Jakobsweg, wird dieser Traum real - nach Burgos hatte sich die Wanderung zu einer Reise in die Vergangenheit entwickelt. In den *Mesetas*, den trockenen und weitläufigen Hochebenen von Kastilien, ist die Zeit seit dem Mittelalter fast stehengeblieben. Über die letzten Jahrhunderte scheinen hier kaum Veränderungen stattgefunden zu haben. Abseits des Weges durch Heide und Steppe entdeckt man einige Ruinen - Zeugen von einst stolzen Bauwerken, tausend Jahre vor unserer Zeit errichtet.

Nachdem ich *Castrojeriz* verlasse, das sich in einem Tal befindet, führt ein Pfad wieder hinauf in die weitläufige Hochebene. Oben bei einem Rastplatz lege ich eine kurze Pause ein - dort stehen zwei Mülltonnen. Als ich etwas Papier entsorge und eine von ihnen öffne, bemerke ich, dass sich etwas darin bewegt: Eine Ratte! - schnell schließe ich den Deckel wieder. Kurz darauf erscheinen auch die bayerischen Pilgerinnen und legen ebenso eine Rast ein. Eine von ihnen bewegt sich auf die Mülltonnen zu, um etwas zu entsorgen - ich überlege, ob ich sie warnen sollte. Andererseits bin ich unheimlich gespannt auf ihre Reaktion, wenn sie die Ratte in der Tonne umherspringen sieht. Sie verwendet aber die zweite Mülltonne, die unbewohnt ist. Schade.

Während ich den Berg hinabgehe, überholen mich einige, die mit dem Rad unterwegs sind. Zumeist Italiener. Ein Radfahrer kommt in Sichtweite, rast mit einem atemberaubenden Tempo - vielleicht 90 km/h – an mir vorbei. Ziemlich leichtsinnig bei einem Gefälle von fast 45 Grad.

Neben den Autonomieregionen gibt es eine Unterteilung in Provinzen. Wenn man in der Region Kastilien und León den Fluss Pisuerga erreicht hat, überquert man eine Brücke aus dem 11. Jahrhundert, verlässt die Provinz Burgos und betritt nun Palencia.

Ein angenehmer Teil der Etappe beginnt ab dem Ort *Boadillo*. Baumreihen spenden für den Rest des Weges Schatten, man wandert an einem Bewässerungskanal entlang, überquert diesen zum Schluss und erreicht *Frómista*. Der Name weist mutmaßlich darauf hin, was in der Umgebung produziert wurde - *Frumentum*, lateinisch für Getreide. Schon Kelten hatten hier gesiedelt, später Westgoten. Im frühen Mittelalter befand sich die Region zwischen den Fronten der Mauren und Christen, wurde verlassen und blieb für Jahrhunderte unbewohnt. Eine Wiederbesiedlung fand im 10. Jahrhundert statt.

Eine der größten Infrastrukturprojekte der Region - in der Neuzeit - war die Erbauung des Kanals, die sich über mehr als 70 Jahre hinzog. Zu Baubeginn noch als Transportweg für Weizen und zum Antreiben von Getreidemühlen geplant, wurde der Zweck des Canal de Castilla vom technischen Fortschritt überholt - der Erfindung von Eisenbahn und Elektrizität. Heute dient der Kanal der Bewässerung des Hochlandes.

In der Herberge bietet die Dame am Empfang irgendwelche esoterischen Sachen an, ich lehne dankend ab, so etwas brauche ich nicht. Später sehe ich mich in der Stadt um, speziell nach Restaurants. Und entdecke eine Pension mit einem Menüangebot für Pilger, das ich gleich ausprobiere. Das Essen erscheint mir als das qualitativ beste, was ich bisher probiert habe - vergleichbar mit dem Buffet in *Puente la Reina.*

Geschichtlich gibt es ebenso einen Zusammenhang zwischen beiden Orten – Puente la Reina und Frómista. Die Navarrische Königin, der die Initiative zum Bau der Brücke in Puente la Reina nachgesagt wird, hatte in Frómista im 11. Jahrhundert ein Benediktinerkloster gegründet und darin ihre letzten Lebensjahre verbracht. Von dem Kloster ist heute die restaurierte Kirche erhalten - eine der frühesten des Jakobsweges und eine der besterhaltenen romanischen Kirchen Europas.

*

Morgens sind einige Pilger im Korridor der Herberge damit beschäftigt, ihre Füße mit Jodtinktur sowie mit Hirschtalk zu behandeln und zu bandagieren. Auch den Portugiesen sehe ich unter ihnen. Traurig erzählt er, dass er am Vortag beim Arzt gewesen wäre - leider wären seine Füße in derart miserabler Verfassung, dass er auf Anraten des Doktors ein paar Tage pausieren müsste. Die einzige Möglichkeit wäre, eine oder zwei Etappen mit dem Bus zurückzulegen, jedoch würde der nächste erst in zwei Tagen fahren. Frustriert klagt er, er hätte keine Wahl. Solange könne er hier nur warten und dabei versauern.

Der Extrempilger und der Sinn des Lebens

14. August, Frómista → Carrión de los Condes

Morgendämmerung. Im ersten Dorf nach *Frómista* muss ich zunächst an einer Brücke warten, während ein Hirte seine Schafherde darüber führt. Es gibt in Spanien eine Vorfahrtsregelung: Schafe und Rinder haben immer Vorrang. Wahrscheinlich, weil sie beim Lesen von Verkehrsschildern noch mehr Schwierigkeiten haben als Menschen.

Im Laufe des Morgens erreiche ich ein Indianerdorf. Jedenfalls stehen dort Tipis, die typischen indianischen Zelte. Frühstück wird auch angeboten. Beim Bestellen von zwei Toasts erfahre ich, dies wäre eine alternative Herberge, in der man eines der Tipis für die Nacht mieten kann.

Das Hauptgebäude ist eine im typischen Aussteigerstil gestaltete Holzhütte – Leinwände mit Zeichnungen von Hanfpflanzen, Bilder des Reggae-Musikers Bob Marley gehören selbstverständlich zur Einrichtung.

Zwei der Koreanerinnen tauchen auf, gesellen sich zu mir und klagen beim Frühstück über neue Probleme. Seit einigen Tagen hatten sie unter Schmerzen an den Füßen gelitten - mit tiefen Rissen in den Fußsohlen. Heute Morgen sind die beiden übersät mit Insektenstichen, welche wahrscheinlich von Flöhen stammen. Ich empfehle ihnen, mehr Bier zu trinken, das scheint dagegen immun zu machen. Wie man bei mir erkennen kann, betone ich, ist kein einziger Insektenstich zu sehen.

Den weiteren Weg kann man schwer verfehlen, der im Abstand von 10 Metern beidseitig mit der Jakobsmuschel markiert ist, bis man *Carrión de los Condes* erreicht - der Ort ist benannt nach dem Fluss *Carrión*, die Ergänzung bedeutet ›der Grafen‹. Dort begebe ich mich mit den Koreanern - inzwischen ist die Gruppe auf 7 Leute angewachsen - auf die Suche nach einer Unterkunft.

Ein Kloster ist schon komplett belegt. In einer privaten Herberge wäre noch ein Mehrbettzimmer verfügbar, jedoch zu wenige Betten für unsere Gruppe. In einem weiteren Kloster haben wir Glück und eine Nonne in vollem Ornat empfängt uns. Während sie die Reservierung der Betten vornimmt, verkündet sie das Abendprogramm, an dem man teilnehmen kann. 18:30 Uhr gemeinsames Singen religiöser Lieder, 20 Uhr Gottesdienst. Danach ein christliches Abendessen, bei dem jeder etwas mitbringen und mit den anderen teilen kann.

Im Schlafsaal angekommen, nach Zuteilung der Betten geraten die Koreaner auf einmal in Panik, vermeinen, Flöhe auf den Betten hüpfen zu sehen und räumen eiligst alle Kopfkissen in eine Ecke. Nachdem ich mich eingerichtet habe, gönne ich mir eine Dusche. Später schaue ich mir den Gottesdienst an, hauptsächlich um ein paar Fotos aufzunehmen. Abendmahl. Der Koreaner, dem ich mich angeschlossen habe, und von ich nun erfahre, dass er Priester wäre, meint, dies wäre nur für Katholiken. Kein Problem, satt würde ich sowieso nicht davon. Es folgt die Segnung der Pilger – das ist mir jedoch zu religiös und ich schaue nur zu.

Nach dem Ende der Messe rückt die Stunde für das gemeinsame Abendessen näher - Zeit, mich aus dem Staub zu machen. Am besten, ich suche mir eine Tapas-Bar, bevor noch jemand auf die Idee kommt, mir Fragen zu meinem Glauben zu stellen.

In sicherer Entfernung entdecke ich eine Bar mit WLAN, hole mir ein Bier, setze mich auf die Terrasse und beschäftige mich mit meinem Smartphone. Ein etwas heruntergekommen aussehender Spanier taucht auf, der mich begrüßt, sich dazusetzt und erzählt, er wäre schon eineinhalb Jahre als Pilger unterwegs. Mittlerweile wäre er schon 15.000 Kilometer auf dem Jakobsweg gelaufen.

Einen Moment bin ich am Überlegen, ob er mir einen Bären aufbinden will - zu absurd hört sich die Geschichte an, während er fortsetzt: Den Jakobsweg sei er schon viele Male bis nach Santiago und wieder zurück gewandert, auch den Pilgerweg nach Rom, unterwegs beschäftige er sich mit Poesie und verfasse Gedichte.

Er zieht einen Ordner hervor und präsentiert mir neben seinen selbstverfassten Schriften auch die Pilgerurkunde vom Vatikan sowie einen Zeitungsausschnitt, in dem über ihn berichtet wird. Wahrscheinlich ist er eine Berühmtheit unter den Pilgern - der weiter erzählt: Sein zivilisiertes Leben hätte er aufgegeben und angefangen, Hass auf Geld zu empfinden. Und sich entschieden, ohne finanzielle Mittel auszukommen.

Er verschwindet kurz in der Bar, kommt mit zwei Bieren zurück, vermutlich geschnorrt, wovon er mir eines reicht. Führt seinen Vortrag fort, die Preise für Bier und Brot wären staatlich festgelegt. Wenn er irgendwo entdeckt, dass zu hohe Preise verlangt werden, würde er dies gleich bei der örtlichen Behörde anzeigen. Und prognostiziert, Spanisch werde in Zukunft irgendwann die einzig gesprochene Weltsprache sein. Ich habe überraschend wenig Probleme, alles trotz meiner geringen Spanischkenntnisse zu verstehen, da er häufig wiederholt und alles gestenreich untermalt. Beispielsweise beim Sinn des Lebens: »das Wichtigste im Leben ist ...«, steht er auf, geht mit wiegenden Schritten ein kurzes Stück den Fußweg herunter und kehrt wieder zurück.

Später überlege ich, wie kann man auf Dauer freiwillig so ein Leben außerhalb des zivilisierten Standards führen?

Dennoch: irgendwie beneide ich ihn.

Die Maureninvasion

Das 8. Jahrhundert beginnt auf der Iberischen Halbinsel mit dramatischen Umwälzungen. Alte Königreiche fallen, neue entstehen, Kriege und Aufstände durchziehen das ganze Land.

Roderich ist im Jahr 711 erst seit einem Jahr König des Westgotenreichs und befindet sich im Norden auf einem Feldzug gegen die Basken. Im Süden landet unterdessen ein Invasionsheer aus Nordafrika. Häufig wurden von Afrika aus Raubzüge unternommen, nun wird das Reich ernsthaft bedroht. In Windeseile zieht Roderich mit seinem Heer in den Süden, um die Invasion aufzuhalten. Acht Tage dauert die Schlacht gegen die Mauren - die sich aus muslimischen Berbern und Arabern zusammensetzen - und Roderichs politische Gegner, die zum Feind übergelaufen sind. Die westgotische Streitmacht wird vernichtend geschlagen. Roderich fällt.

Nach dem Fall des Königs stellt sich kaum noch jemand den Mauren entgegen. Eine Stadt nach der anderen fällt unter ihre Herrschaft. Córdoba, Málaga, danach die Hauptstadt Toledo. Ein Jahr darauf rückt eine größere Streitmacht weiter in den Norden vor - Pamplona, Saragossa und weitere Städte werden maurisch. Innerhalb von 8 Jahren wird die ganze Halbinsel unterworfen. Bis auf eine kleine abgelegene Provinz im Norden. Und die bewaldete Region bei den Pyrenäen, in der die Basken siedeln.

Die unwirtlichste Gebirgslandschaft befindet sich im Norden der Iberischen Halbinsel. Kaum ein Nordafrikaner oder Araber würde sich dort niederlassen wollen und in Holzhütten, bei Kälte und Schnee, den Winter über ausharren. Ein kleiner Stamm von Rebellen hat sich in der Region angesiedelt. Menschen, die Wind und Wetter trotzen. Und den Mauren.

Eine Truppe maurischer Streitkräfte wird in das Gebiet entsandt und marschiert über hohe Pässe, mit dem Auftrag, die christlichen Widerständler, die sich dort niedergelassen haben, zu vertreiben. Es kommt zu einem Kampf, der auf beiden Seiten unterschiedlich bewertet wird: Islamische Schreiber berichten, der Gegner wurde vernichtend geschlagen, nur wenige habe man entkommen lassen. Die andere Seite wiederum bewertet das Ergebnis der Schlacht als großen Sieg, man hätte den Angreifern eine verheerende Niederlage zugefügt.

Lange Zeit wird diese rebellische Region von den Mauren gemieden. Sie wenden sich der Eroberung des Gebietes jenseits der Pyrenäen zu, jedoch kommt der Vormarsch bald zum Erliegen. Das islamische Heer trifft auf den Widerstand der vereinigten Stämme unter der Führung der Franken. Und erleidet weit jenseits der Pyrenäen, bei Tours und Potiers, eine Niederlage.

Der Anführer der Rebellion im Norden der Iberischen Halbinsel ist ein Adliger des besiegten Westgotenreiches namens Pelayo. Nicht ohne Nachdruck bittet er die Bewohner der Region um Unterstützung. Im Gegenzug bietet er die Verteidigung ihrer Dörfer an und trifft auf weite Zustimmung. Der geschickte und charismatische Stratege reist in die umliegenden Ortschaften und kann immer mehr Menschen dazu bewegen, sich ihm anzuschließen.

Unter Pelayos Führung entsteht das neue unabhängige Königreich Asturien.

Regen

15. August, Carrión de los Condes → Terradillos de los Templarios

Sehr früh, im Dunkel der Nacht, sind die Koreanerinnen aufgebrochen. Der koreanische Priester, der über Gelenkschmerzen klagt und ich verweilen etwas länger im Schlafsaal. Es ist düster und kurz vor Morgendämmerung. Zeit für Vorbereitungen.

Im Klostergarten sammle ich meine getrocknete Kleidung ein - teils hängt diese noch an der Wäscheleine, Einiges ist in den trockenen Staub des Klostergartens gefallen. Daher werde ich bei der nächsten Pilgertour Wäscheklammern mitnehmen, ein wichtiges Utensil – häufig, wie auch hier, sind nicht genügend Klammern für alle vorhanden.

Wieder zurück im Schlafsaal, beginne ich, meinen Rucksack zu packen - als vor dem Fenster ein Rauschen zu hören ist. Neugierig öffne ich die Fensterläden, um der Ursache auf den Grund zu gehen. Überrascht sehe ich, dass es soeben begonnen hat, in Strömen zu regnen. Hätte ich nur ein paar Minuten später meine Wäsche eingesammelt, hätte diese statt im Staub in tiefem Matsch gelegen. Der Wettergott, der alte Jakob, oder wer auch immer, meint es an diesem Tag wirklich gut mit mir.

Mit dem Priester warte ich noch eine Weile, bis der Regen nachlässt - der passende Moment zum Aufbruch. Und heute wird uns der Weg noch ein paar Jahrhunderte weiter in die Vergangenheit führen.

Mein koreanischer Begleiter schafft es kaum, vorwärts zu kommen, benutzt seine Trekking-Stöcke eher wie Krücken, »I will walk slowly, slowly« murmelnd - er würde nur sehr langsam gehen können und eben nachkommen. Ich rate ihm, Asphalt zu meiden und am Rand der Straße auf der Grasnabe zu wandern, denn das Gehen auf dem weichen Untergrund hatte mich schon die letzten Tage bei meinen Gelenkschmerzen entlastet.

Die Wolken verdichten sich, es regnet wieder in Strömen und ich ziehe das erste Mal seit Roncesvalles meinen Regenponcho – beziehungsweise den Müllbeutel - über. Ein anderer Pilger hilft mir dabei. Er hat keinen Regenschutz, nur einen Hut. Ihn störe der Regen nicht, erzählt er, da er aus Schottland käme. Von dort wäre er das gewohnt.

Der Koreaner holt mich irgendwann ein und wir wandern zusammen durch grüne Felder bei Wind und Nieselregen. Grün wie in Norddeutschland präsentiert sich die Landschaft, bei dem Wetter werden Erinnerungen wach an Schleswig-Holstein im Herbst.

Nachmittags verziehen sich die Wolken, immer mehr setzt sich die Sonne durch. In den nächsten Siedlungen, die wir durchqueren, kann man erkennen, dass ein wichtiges Material für beständige Bauwerke fehlen muss: Stein - in den Ortschaften sind die Häuser aus Lehm und Stroh erbaut. Der Koreaner, überrascht von deren Anblick, resümiert, diese kenne er von seinem Heimatland. In Korea würde man solche Lehmhütten mancherorts ebenso finden. Jedoch, dass diese Bauweise nicht sehr lange vorhält, zeigt sich an den zahlreichen Ruinen am Weg und den Gebäuden mit halb eingestürzten Dächern, von denen nur noch Holzgerüste übriggeblieben sind.

Am Ende erreichen wir *Terradillos de los Templarios*, das sich als ein Dorf darstellt, in dem man nur von der Bewirtschaftung der Felder lebt. Das ansonsten wenig Abwechslung bietet, was über eine Kirche und die Herberge hinausgeht. Das Kirchengebäude erscheint mir stark einsturzgefährdet, durch das Bauwerk ziehen sich breite Risse vom Boden bis an die Decke und aus dem Dachgebälk scheinen sich Holzbalken zu lösen. Die Einrichtung selbst erscheint recht schlicht.

Wie der Name schon vermuten lässt, war das Dorf seinerzeit im Besitz des Templerordens, *Terradillos* bedeutet übersetzt ›kleine Dächer‹. Wahrscheinlich wegen der Erdhöhlen, die hier als Wohnungen oder als Vorratskeller dienen. Zu sehen sind Erdhügel, ergänzt mit einem kleinen überdachten Eingang vorne und einem Kamin in der Mitte.

In der Herberge gibt es Thunfisch-Bocadillos - belegte Baguettes. Und die besten, die ich bisher probiert habe. Deswegen überrede ich die Koreaner, denen sich noch weitere ihrer Landsmänner angeschlossen haben und die inzwischen zu einer großen Gruppe angewachsen sind, abends gemeinsam das Pilgermenü auszuprobieren.

Koreaner benutzen zum Essen beide Hände. In der rechten Hand halten sie die Gabel, in der linken ihr Smartphone, mit dem sie unablässig chatten oder Informationen abrufen. Ab und zu lacht der eine oder andere kurz beim Lesen einer Nachricht und setzt dann wieder sein Mahl fort. Im Moment wäre jedoch die Bezeichnung Mahl fast ungerechtfertigt. Was wir vorgesetzt bekommen, ist eher eine Art Fraß. Es gab verschiedene Gerichte zur Auswahl, die alle jedoch beim Geschmack die gleichen Eigenschaften haben - fade, zerkocht und fettig. Jeder am Tisch hat Mühe bei dem Versuch, etwas herunter zu bekommen, einer gibt nach dem ersten Stück gleich auf. Zunehmend peinlich wird es bei jedem Gang für mich - ich habe die Anderen ja zum Pilgermenü überredet, dessen Qualität sehr weit unter den Erwartungen liegt.

*

Morgens, als ich die Waschräume aufsuche, stehen vier Blondinen vor den Waschbecken und sind mit ihrer Morgenwäsche beschäftigt. Nur das fünfte Becken in der Mitte ist noch frei. Einen Moment genieße ich das Bild mit den vier Blondinen vor dem Spiegel, das noch einige Zeit vor meinem geistigen Auge in Erinnerung bleibt. Den Tag beginne ich außergewöhnlich gut gelaunt. Es ist einfach schön, Pilger zu sein.

Meine Begegnung mit Jesus

16. August, Terradillos de los Templarios → Bercianos del Real Camino

Dieser Tag wird mir als einer der Ungewöhnlichsten in Erinnerung bleiben.

Palencia endet und die Provinz *Léon* beginnt, informiert eine Tafel kurz nach *Terradillos de los Templarios*.

Schon Tage vorher war ich gespannt, welche Geheimnisse mich in der nächsten Stadt erwarten – in *Sahagún*. Ein Name, der dem Roman ›Herr der Ringe‹ von Tolkien entstammen könnte. In meiner Phantasie hatte ich mir vorgestellt, einen Zauberturm vorzufinden, der im Mittelalter von einem mächtigen Magier bewohnt wurde. Dass an seiner Zauberschule die fähigsten Magier ausgebildet, in seinem Alchemie-Labor magische Formeln erdacht und von Gnomen in Zauberbüchern niedergeschrieben wurden. Vielleicht hatte der Magier von *Sahagún* vor Jahrhunderten mit dem Zauberer von *Zalatambor* - bei *Estella* - seinen größten und mächtigsten Konkurrenten.

Als ich dort ankomme, erwache ich aus dem Tagtraum von Magiern - beim Wandern durch *Sahagún* drängt sich der Eindruck auf, die Stadt hat seit fast 1000 Jahren ihre besten Zeiten hinter sich. Fachwerkhäuser, die seit vielen Jahrzehnten nicht mehr restauriert wurden, ein Spielplatz mit einem Holzturm, der kurz vor dem Einsturz zu stehen scheint. Für Kinder ungeeignet. Abgebrochene Eisenspiralen ragen dort aus dem Boden, wo sich vor langer Zeit wohl Pferde zum Wippen befunden haben, leere Bierflaschen überall. Alles auf dem Spielplatz ist mit Graffiti beschmiert, die sich auch an den Hauswänden der Umgebung fortsetzen.

Unten in der Stadt erreiche ich den antiken Stadtteil von *Sahagún*, dort erheben sich vor mir beeindruckende Ruinen. Gewaltiges aus dem frühen Mittelalter, Bauwerke, die einen Eindruck davon vermitteln, welche Bedeutung dieser Ort einst gehabt haben muss. Und seinerzeit das Zentrum der Welt gewesen sein könnte. Von einer Kirche ist heute nur noch das mit Statuen besetzte Portal übrig - massive Türme und Reste von Mauern säumen das umfangreiche archäologische Areal.

In diesem verfallenen Areal befand sich seit dem 11. Jahrhundert die mächtigste Klosterabtei des Camino Francés mit fast 100 von ihr abhängigen Klöstern. Zahllose weitere Besitztümer gehörten ebenso zu dieser Abtei sowie das Recht, eigene Münzen zu prägen. Im 15. Jahrhundert begann Sahagún unter den kastilischen Königen zunehmend an Bedeutung zu verlieren. Mehrere Brände hatten große Teile der

63

Klosteranlage zerstört und es wurde davon nichts wieder aufgebaut. Weitere mittelalterliche Sakralbauten zeugen von einer bedeutungsvollen Vergangenheit allein durch die verbliebenen Ruinen.

Der Name der Stadt ist aus San Fagun entstanden – San Facundus und San Primitivus waren christliche Märtyrer des dritten Jahrhunderts. Vermutlich in der Zeit des römischen Kaisers Diokletian, der mit wichtigen Reformen und Reorganisation der Verwaltung das römische Reich, das sich nahe am Bürgerkrieg befunden hatte, aus einer andauernden Krise führte und die Verteidigung der Grenzen sicherte. Unter dem jedoch auch die unnachgiebigste institutionelle Christenverfolgung des römischen Staates durchgeführt wurde.

Abseits der Ruinen befindet sich ein Stein, in den eine Metallplakette mit der Inschrift angebracht ist: ›Sahagún, Centro del Camino‹ - die Mitte des Jakobsweges. Dort befinde ich mich also. Einen langen Weg habe ich hinter mir, ein langer Weg liegt noch vor mir. Zwei Pilger kommen gerade vorbei und bitten darum, dass ich sie vor dem Stein fotografiere. Dafür nehmen sie für mich ebenso ein Foto mit dem Stein auf und halten den Mittelpunkt meiner Wanderung fest. Am Ende der Stadt liegt noch ein ehemaliges, restauriertes Kirchengebäude, das ein Museum beherbergt. Mittlerweile habe ich jedoch genug besichtigt - ein großer Teil der Stadt ist ja ein Freilichtmuseum, noch mehr Historie würde mich überfordern.

Außerhalb der Stadt treffe ich wieder auf die Koreaner, die einige Zeit ihre Füße entspannt und die Blasen daran inspiziert hatten, jedoch zum Aufbruch bereit sind - ich schließe mich ihnen wieder an. Nach einigen Kilometern kreuzt der Weg die Schnellstraße, zwei Varianten stehen dort zur Auswahl – so besagt ein Schild -, jedoch ist mit Graffiti die eine Variante durchgestrichen und daneben vermerkt »Don't take this Camino!«, nicht dort entlang. Der Koreaner wählt diesen Weg, denn dort gäbe es eine alte Römerstraße, die ihn interessieren würde. Ich folge den Koreanerinnen und nehme die andere Variante.

Eine von ihnen stellt mir die Frage, ob der koreanische Priester mir erzählt hätte, dass er ein Vater ist? Nein, entgegne ich, davon hat er nichts erzählt. Ich denke darüber nach, warum sie das Thema angesprochen hat. Möglicherweise, um mich darauf hinzuweisen, dass er als Priester irgendwann gegen das Gebot der Enthaltsamkeit verstoßen hatte und sich nun in einem Gewissenskonflikt befindet … Sitzt sein Kind jetzt irgendwo hilflos, alleingelassen und einsam zu Hause, während er sich auf einer wochenlangen Wanderung fernab befindet? Hatte er sich auf die Wallfahrt nach Santiago begeben, um Abbitte für seine Sünde zu leisten? - bei der nächsten Begegnung, nehme ich mir vor, werde ich ihn dezent fragen, wie es denn seinem Kind gehen würde.

Zwei Tage später: Ich treffe den koreanischen Priester wieder und er erzählt, dass der Alternativweg von Kraut überwuchert war und er sich durch Dornengestrüpp kämpfen musste. Beim Wandern fragt er mich nach meinen Familienverhältnissen, ob ich Kinder habe. Die Gelegenheit nutze ich für eine gleich lautende Gegenfrage. Gespannt warte ich auf die Antwort, vielleicht offenbart er mir ein dunkles Geheimnis. Nach seiner Erklärung: »als katholischer Priester, wie du wahrscheinlich weißt, habe ich natürlich keine Kinder«, fällt es mir wie Schuppen von den Augen und ich erkenne mein Missverständnis: Vater ist auch die Bezeichnung für einen Priester!

Aber jetzt befinden wir uns - die übrigen Koreanerinnen und ich - auf einem Weg, der mehr oder weniger geradeaus an der Straße entlang führt. An Feldern vorbei - bis wir *Bercianos del Real Camino* erreichen. *Berciano* verweist auf die Herkunft von Siedlern aus der Region *el Bierzo* und *Real Camino* bedeutet Königsweg.

Bei der Ortschaft und ihrem provinziellen Flair fühlt man sich abermals ein Stück weiter in die Vergangenheit katapultiert. Häuser, die aus Lehm und Stroh erbaut, teils ziemlich verfallen sind.

Das Gebäude, in dem die Pilger untergebracht werden, ist über 1200 Jahre alt - erzählt mir der *Hospitalero*. Möglicherweise ist die Zahl übertrieben, aber man kann an dem rustikalen Stil erkennen, dass es ein sehr altes Bauwerk ist - vor allem am Innenausbau mit dem frei liegenden Gebälk des Daches, der Kombination von alten Holzbalken im Fachwerkstil und mit aufgefüllten Zwischenräumen.

Am Nachmittag steigt die Temperatur ins Unerträgliche, das ist nur noch auszuhalten, wenn man sich im Schatten der aus Lehm erbauten Häuser bewegt. Einige Gebäude, die ich auf dem Weg durch den Ort passiere, sind halb eingestürzt, ich komme auch an gänzlich unbewohnbaren Ruinen vorbei - auf der Suche nach einer Bar und einem frisch gezapften, kühlen Bier. Bald sehe ich Sonnenschirme, Bierwerbung - und bin am Ziel.

Praktischerweise ist hier auch WLAN verfügbar. Ich kann mich also auf die Terrasse setzen und ein paar neue MP3-Musikstücke herunterladen, so wird die Wanderung durch weniger abwechslungsreiche Gegenden kurzweiliger werden.

Zwischendurch erscheint ein Schäfer mit seiner Herde und führt sie die Straße entlang an meinem Tisch vorbei. Das urtümliche Leben in der kastilischen Hochebene – die Zeit scheint hier stehengeblieben zu sein.

Ich bleibe noch eine Weile an der Bar sitzen, dann sehe ich einen Spanier die Straße herunterkommen – mit einem Rollstuhl. Überraschend begrüßt er mich euphorisch und leistet mir Gesellschaft. Auf den ersten Blick sehr sympathisch, begeistert er mich mit seiner außergewöhnlich guten Laune. Beeindruckend vor allem, weil ihm das Schicksal so ein Los beschert hat. Vielleicht ist es für ihn etwas Besonderes, einem Pilger zu begegnen, und das sonnige Wetter hat wahrscheinlich ebenso einen positiven Einfluss auf seine Stimmung.

Er stellt sich vor, er sei Jesus. Einen Moment bin ich perplex - ist er es wirklich? Hat die Begegnung eine tiefere spirituelle Bedeutung? Mir fällt ein, dass Jesus unter anderem in lateinamerikanischen Ländern ein gängiger Name ist und erzähle ihm, in Deutschland wäre der Name zwar sehr ungewöhnlich, im spanischen Sprachraum aber scheinen Jesus, Josef und vor allem Maria durchaus häufig vorzukommen. Er klärt mich darüber auf, dass zur Zeit der Diktatur des Generals Franco alle Eltern mehr oder weniger dazu gezwungen waren, religiöse Vornamen zu wählen.

Darüber wusste ich bisher wenig. Vor allem nicht, dass der damalige spanische Diktator auch einen Bezug zur Religion hatte. Eine Staatsform, die als Faschismus bezeichnet wird und sich gleichzeitig christlich gibt, das erscheint mir etwas widersprüchlich. Aber die Erklärung ergibt Sinn - bisher hatte ich noch keine Spanierin kennengelernt, die zur Zeit Francos geboren wurde und nicht Maria heißt. Es gab in der Diktatur auch weitere Restriktionen wie das Verbot, die galicische, die katalanische oder die baskische Sprache zu sprechen. Erlaubt war nur Kastilisch - die offizielle spanische Sprache.

Neugierig frage ich Jesus, der sehr gut Englisch spricht, ob er schon mal auf dem Jakobsweg unterwegs war. Nein, entgegnet er, da er ja nicht laufen könnte. Ein halbes Jahr hatte ich vor Beginn der Wanderung einen Spanisch-Kurs besucht, zugegeben ist das etwas kurz, dennoch kann ich immer wieder etwas davon anwenden. Ich erzähle von meiner Spanisch-Lehrerin, die nach einem Nervenleiden einige Zeit auf den Rollstuhl angewiesen war und diesen Weg in mehreren Etappen unternommen hatte. So ganz vorstellen kann er sich das nicht, wie es den Eindruck macht. Eine Weile plaudern wir noch, dann verabschiedet er sich freundlich.

Später, als ich zurück zur Herberge komme, lädt der *Hospitalero* alle zum Abendessen ein. Es gibt Spaghetti mit Tomatensoße - das typische Pilger-Herbergsessen. Mit Salat, dazu wahlweise Wasser oder Wein. Gekocht haben zwei Pilger aus der Unterkunft.

Bevor wir mit dem Essen beginnen, gibt es eine Vorstellungsrunde mit Namen und Herkunft, reihum einer nach dem anderen. Eine Russin ist an der Reihe und stellt sich vor: »I am Natascha from Russia«. Ein donnernder Applaus folgt, Jubeln, Klatschen, begeisterte Rufe als Reaktion auf den kurzen Reim. Heute sind alle Pilger außergewöhnlich gut gelaunt.

Als wir mit dem Abendessen fertig sind, bläst der Herbergsverwalter zum Abmarsch. Man solle sich unbedingt den Sonnenuntergang ansehen. Der sei hier außergewöhnlich, darauf begeben sich alle zum Erdhügel vor der Herberge.

Das interessanteste Bild sind die vielen Pilger, die den Sonnenuntergang beobachten, eine Kulisse aus Licht und Schatten, die mich an das Kunstwerk der Pilgergruppe bei *Alto del Perdón* erinnert. Die Silhouetten gegen die Sonne halte ich auf einigen Fotos fest. Unterdessen werden Lieder angestimmt in verschiedenen Sprachen, sehr passend zur romantischen Abendstimmung.

Als die Sonne gänzlich hinter dem Horizont verschwunden ist, lädt der Herbergsvater zu einem Pilgertreffen ein. Kostenlos, unverbindlich und gesellig, da nehme ich gerne teil.

Der Gemeinschaftsraum ist ausgestattet mit Heiligenfiguren und christlichen Utensilien. Der *Hospitalero* zieht einen Priesterumhang über, während eine Dame herumgeht und fragt, woher man komme, und Zettel verteilt. Zuerst werden mir Texte in Tschechisch ausgehändigt - »This isn't German?« - einen Moment kramt sie in einem Stapel von Blättern, wird fündig und ich bekomme einen anderen Zettel - mit christlichen Psalmen und Liedern auf Deutsch. Etwas später wird ein Text verlesen, danach folgt ein Gebet, bei dem ich versuche, mitzumurmeln. Ein Lied wird angestimmt, der Text dazu befindet sich wohl auch auf dem Blatt, das vor mir liegt. Dazu blubbere ich etwas eher Froschähnliches mit, singen kann ich nicht und den dazu passenden Text habe ich auf dem Blatt auch nicht finden können. Aber das wird wohl keiner mitbekommen, da jeder in seiner eigenen Sprache mitsingen soll. Der einzige zweite Deutsche sitzt weit genug entfernt, dass er mein Blubbern nicht hören kann.

Nach vier Strophen Gesang folgt das nächste Ritual. Der Herbergsvater geht von einem Pilger zum anderen und benetzt dessen Stirn mit Weihwasser. Bald bin ich an der Reihe - sichtlich unwohl, da ich bei der Einladung zu diesem Pilgertreffen angenommen hatte, dass es nur eine gesellige Runde wäre: man erzählt sich gegenseitig Geschichten und Witze, trinkt zusammen Bier und lernt andere Pilger kennen, vor allem Pilgerinnen. Jetzt steht der *Hospitalero* vor mir und benetzt meine Stirn mit Weihwasser. Getauft bin ich schon - mit dem Glauben, das ist so ein anderes Thema. Ich empfinde das Treffen als zu religiös. Aber ich will mir nichts anmerken lassen und durchhalten.

Als die Veranstaltung sich dem Ende zuneigt, wird eine brennende Kerze von Pilger zu Pilger weitergereicht. Nacheinander soll jeder, der dieses Licht in der Hand hält, etwas erzählen, das ihm auf dem Herzen liegt. Oder er kann die Kerze einfach an den Nachbarn weitergeben, ohne etwas zu sagen. Sie wird reihum weitergereicht, die meisten sagen dazu etwas in ihrer eigenen Sprache - meistens mit religiösem Hintergrund, soweit ich die Sprache verstehe. Als die Kerze bei mir ankommt, reiche ich diese stumm weiter. Mir fällt kein passender Beitrag ein, was sollte ich hier schon sagen?

Einige Stühle weiter sitzt mein Landsmann mit der Kerze in der Hand und hält eine kurze Dankesrede, lobt die Gastfreundschaft der Herbergsverwalter und äußert den Wunsch, dass der Pilger, dem es heute so übel ergangen ist, sich bald wieder erholen möge. Bezogen mutmaßlich auf jemand, der sich eine Lebensmittelvergiftung zugezogen hatte und sich den ganzen Nachmittag lang die Seele aus dem Leib …

Die Kerze übergibt er seinem Nachbarn, der etwas mit »danke« und »Gott« murmelt, die Kerze danach ebenso weiterreicht. An eine schlanke Pilgerin mit langen schwarzen Haaren, die in Englisch erzählt: Für sie war Pilgern eine spontane Idee, von der sie nicht wusste, was sie unterwegs erwarten würde, hätte viele nette Menschen getroffen und wäre gespannt, was sie auf dem Weg nach Santiago noch erleben werde. Die Kerze wird an den letzten weitergereicht, es folgt eine kurze Gesangsrunde, danach werden alle entlassen.

Vor der Herberge spaziere ich noch in der Umgebung umher - in dieser Nacht erscheint mir der Sternenhimmel besonders hell, die Milchstraße taucht den Weg in weißes Licht. Ich bin in Gedanken vertieft, habe mich wohl heute bei dem Gemeinschaftsabend in die schwarzhaarige Pilgerin verliebt.

Der Weg wird auch *Camino des Estrellas* genannt - der Weg der Sterne.

Die Fangfrage

17. August, Bercianos del Real Camino → Mansilla de las Mulas

In Gedanken versunken schwebe ich in der Morgendämmerung auf das Ende des Dorfes zu mit seinen Erdhöhlen, Lehmhäusern und Ruinen, orientiere mich ab und zu an den Pfeilen, bald ist keine Markierung mehr sichtbar. Hinter mir höre ich einen schrillen Pfiff, drehe mich um und sehe einige Pilger winken. Sie zeigen in eine andere Richtung und setzen ihren Weg fort. Ich habe wohl eine Markierung verpasst, kehre um und wende mich dem anderen Pfad zu.

Lange führt dieser geradeaus, parallel zur Landstraße - in Entfernung sehe ich bald zwei Pilgerinnen. Ziemlich langsam hole ich auf, da ich es nicht eilig habe und den Anblick vor mir im Morgengrauen genieße. Die beiden überhole ich nach einer halben Stunde, ein kurzer Gruß in Spanisch: »Hola!« - zwei äußerst attraktive Pilgerinnen mit langen schwarzen Haaren. Ich schwebe weiter, lange Zeit noch das Bild vor dem geistigen Auge. Es ist schön, Pilger zu sein.

Die Landschaft bietet jedoch wenig Abwechslung. Ein Rastplatz folgt, im Hintergrund an einem zugewachsenen Flussufer die Gelegenheit, kurz auszutreten. Zwei Schritte gehe ich in das Gebüsch hinein und bekomme einen Schreck, als mir zwei große leuchtende Augen entgegen starren. Nur ein kurzer Augenblick und das Tier, das nur eine Armlänge von mir entfernt war, flattert davon. Ich bin begeistert - eine wilde Eule! Vermutlich eine Waldohreule. Noch nie habe ich eine Eule in freier Natur gesehen.

Der Jakobsweg ist ein besonderes Naturerlebnis. Während der langen Zeit, die man im Freien unterwegs ist, wird man von dem einen oder anderen Wildtier überrascht.

Einige Zeit später komme ich wieder in der Zivilisation an - das Dorf *Reliegos del Camino* habe ich erreicht und erspähe einige Hügelbauten, die den Erdhöhlen recht ähnlich sind. Vermutlich bietet die Bauweise eine effiziente Wärmedämmung.

In einer Bar treffe ich einige Pilger wieder. Alle bestellen Spaghetti, da es die einzige Auswahl an Speisen ist. Die Koreaner bieten mir Chilipulver zum Würzen an - in Korea wären ihre Speisen meistens sehr scharf gewürzt. Ich liebe diesen Geschmack und verteile über meine Spaghetti eine größere Menge. Was sie etwas überrascht - zwar würden sie scharfe Gewürze verwenden, aber nicht in diesen Unmengen. Bei mir ist das normal, erkläre ich, das ist mein Lieblingsgewürz.

Eine Gruppe von italienischen Pilgern erreicht die Lokalität als nächstes. Der koreanische Priester sieht einen Italiener mit nacktem Oberkörper und einem Piercing durch die Brustwarze im Restaurant umherwandern und kritisiert, das wäre in Korea gar nicht denkbar - so in der Öffentlichkeit zu erscheinen. Ich erkläre, bei uns wäre so etwas normal. Nebenbei denke ich jedoch, im Restaurant ist die fehlende Bekleidung zumindest schlechtes Benehmen.

Nachmittags erreichen wir das Ende der Etappe in *Mansilla de las Mulas*. *Mulas* ist leicht zu übersetzen mit Maultier, *Mansilla* kann man interpretieren mit klein und gezähmt: hier findet jedes Jahr zum Sankt Martinstag eine Landwirtschaftsmesse statt. Eine Tradition, die es schon im Mittelalter gab.

Im 12. Jahrhundert wurde Mansilla zur Festung erweitert von Ferdinand II von Léon - auf den auch die Gründung des Santiagoordens zurückgeht.

Bei der Wanderung durch ein mittelalterliches Tor bin ich überwältigt, die Stadt weckt in mir die archäologische Neugier. Nach der Anmeldung in der Pilgerherberge starte ich sogleich einen Rundgang entlang der alten Mauern, die noch sehr gut erhalten sind. Und aus dem gleichen Material errichtet sind wie die Stadtmauern, die ich am nächsten Tag auch in *Léon* sehen werde.

Es gibt mehrere Wachtürme, einer von ihnen kann bestiegen werden. Von oben eröffnet sich mir eine beeindruckende Aussicht auf die Stadt und ihre Umgebung - aus einer Höhe von schätzungsweise 8 Metern. Der Turm ist oben gesichert mit einem Geländer aus Eisen. Beim kurzen Versuch, mich an dieses anzulehnen, bemerke ich, dass es beweglich ist und sehr leicht nachgibt: nach genauerer Untersuchung ist das fast freiliegende Gestell nur noch an einem Punkt befestigt. Von wegen gesichert: sollte man sich daran festhalten und vorbeugen, würde man das Geländer mit einem Ruck abreißen und mit diesem in die Tiefe stürzen. Mit flauem Magen steige ich den Turm wieder herab.

Da die Unterkunft mit einer komfortablen Küche ausgestattet ist, begebe ich mich zu einem Supermarkt, um Tomatensauce zu besorgen - Spaghetti sind schon reichlich in der Herbergsküche vorhanden. Die Kundin vor mir ist gerade fertig mit der Bezahlung, ich bin der nächste in der Reihe. Natürlich muss sich die Spanierin vor mir noch von der Kassiererin verabschieden. In Deutschland wäre das kaum erwähnenswert - man ist gewohnt, dass so ein Vorgang weniger als eine Minute dauert. Hier muss man sich in Geduld üben: die Spanier scheinen ihre Sprache zu lieben – wenn sie schon begonnen haben, ein paar Worte zu wechseln, werden es noch einige mehr. Die Wartezeit vor der Kasse zieht sich eine halbe Stunde hin, bis sich die Kundin endlich verabschiedet hat und ich an die Reihe komme.

Zurück in der Herberge, Spaghetti kochen, Abendessen. Ich geselle mich danach zu den Koreanern.

Eine der Koreanerinnen stellt mir die Frage, vor der ich mich am meisten gefürchtet habe: »Glaubst du an Gott?«, und erklärt ihre Neugier: »Wir in Korea sind fasziniert vom Christentum und denken, dass die Europäer gute Menschen sind - wegen ihrem Glauben«. Ich befinde mich in der Falle und befürchte, sie wird mich ausfragen wollen. Den Tag zuvor überraschend zum zweiten Mal getauft, befürchte ich in dem Moment, eine falsche Antwort zu geben. Als *Conan der Barbar* unter den Pilgern ist schon die Enttarnung nah: »Ein Ungläubiger!«, der ein intensives Verhör folgt. Und am Ende, der Ketzerei schuldig, werde ich öffentlich auf dem Dorfplatz gesteinigt. Mein Blutdruck steigt. Jetzt muss ich mir etwas einfallen lassen. Mir kommt eine Idee, wie ich der Fangfrage nach meinem Glauben zur Existenz Gottes ausweichen kann und antworte: »Ich denke, Gott existiert in unserem Herzen«.

Neugierig frage ich, warum so viele Koreaner auf dem Jakobsweg wandern - eigentlich wird der Ferne Osten doch vom buddhistischen Glauben dominiert. Die Koreanerin erzählt, die christliche Religion, besonders die katholische Kirche, wäre für sie exotisch und irgendwie cool, aus dem Grund lassen sich immer mehr Koreaner taufen. Ich setze schon an, mit Unverständnis zu entgegnen: »die christliche Religion ist ja vieles, aber mit Sicherheit nicht exotisch - vielleicht gab es mal eine Gruppe von coolen Hippies - das war aber vor 2000 Jahren«, als mir in Erinnerung kommt, dass es bei uns einige gibt, die sich zum buddhistischen Glauben bekennen - der für uns auch irgendwie exotisch ist. Im Prinzip das gleiche, nur umgekehrt.

Bei der Taufe wählen die Koreaner einen westlichen Zweitnamen aus, meist den eines Heiligen, mit dem sie sich identifizieren können. Gut. Diese westlichen Namen kann ich mir besser merken.

Bei Nacht und Nebel

18. August, Mansilla de las Mulas → León

Der koreanische Pilger überredet mich, schon um 5 Uhr früh zu starten. Nach einer kurzen Verhandlung kann ich eine Stunde mehr herausschlagen und wir machen uns um 6 Uhr auf den Weg. Auf diese Idee würde ich selbst nie kommen, im Dunkel der Nacht zu wandern. Vor allem macht das Wandern mit Taschenlampe keinen Spaß - man sieht von der Landschaft nichts, genauso wenig kann man Fotos aufnehmen. Es ist zappenduster, die erste Ortschaft liegt noch in tiefem Schlaf. Einen Schotterweg schreiten wir voran - der Koreaner leuchtet mit seiner Taschenlampe voraus, sucht hier und da an Weggabelungen nach Markierungen.

Hinter uns blitzt ab und zu eine zweite Taschenlampe auf, bald werden wir eingeholt und ein holländischer Pilger begrüßt uns. Er wendet sich an mich und meint, er würde mich wiedererkennen - hätte mich in *Roncesvalles* gesehen, wo er freiwilliger *Hospitalero* war. Einen Moment überlege ich und scheine mich zu entsinnen, dass er es war, der mir dort beim Überziehen des Regenponcho-Müllbeutels geholfen hatte. Der Holländer ist eine athletische Erscheinung und ein durchtrainiertes Muskelpaket. Wie ein Kampfmönch, der Paranüsse mit dem kleinen Finger knacken kann. Jedoch hat er ein schnelleres Tempo als wir, so verschwindet er vor uns im Dunkel der Nacht.

Die Wanderung bietet heute wenig Abwechslung, mal führt sie durch Felder, bald wieder die Landstraße entlang. Nach einem Weg durch ein Industriegebiet und an verwilderten Gärten vorbei, in dem mannshoher Fenchel gedeiht, kommen wir nach wenigen Stunden in *León* an. Es ist noch sehr früh und eine Schlange von Pilgern steht vor dem verschlossenen Tor der Herberge. Zwischendurch verkürzt uns eine Gruppe von Italienern die Wartezeit mit Gitarrenspiel und Gesang. Nach einer halben Stunde öffnet sich das Tor – die Unterkunft ist ein Benediktinerkloster und die Einzige, in der Männer und Frauen in getrennten Schlafsälen untergebracht werden.

Später, mittags, unternehmen wir eine Wanderung durch die Stadt, die von Touristen überlaufen ist. Ein Kulturschock, ziemlich ungewohnt. Es gibt reichlich Sehenswürdigkeiten sowie eine weitläufige Fußgängerzone innerhalb der Stadtmauern und zahllose Läden. Die Kathedrale ist berühmt für ihre bunten Glasfenster - kostet aber Eintritt. Den vorderen, frei zugänglichen Teil, schaue ich mir vom Eingangsbereich aus an.

Schon in der Römerzeit beginnt die Geschichtsschreibung dieser Stadt, als hier die siebte Legion stationiert wurde. Daher der Name Léon, der vom lateinischen Wort Legio herrührt. Die erhaltenen Stadtmauern sind großteils mittelalterlich, einige Überreste der Mauern stammen sogar noch aus dem 3. und 4. Jahrhundert. Erbaut aus opus caementium, einem zementähnlichen Baumaterial - eine Erfindung der Römer: stabiles Baumaterial, das gemischt wird mit Schotter und Kieselsteinen.

Viele mittelalterliche Gebäude prägen das Stadtbild, sehr berühmt ist auch der Palast von Gaudi. Ein Tag ist zu kurz, um alles zu besichtigen. Abends nach Sonnenuntergang ist die Hölle los auf den Straßen und Plätzen, gefüllt mit feiernden Spaniern, die sich vor den Bars und Straßencafés versammeln - vor dieser Hölle wollten die frommen Benediktiner einen wohl bewahren, da die Klosterherberge schon abends um halb zehn ihre Pforten schließt. Eine völlig ungewohnte Zeit für mich und fast eine Steigerung der Selbstkasteiung mit einer dornenbesetzten Peitsche. Pünktlich werden die Tore - kurz nach meiner Rückkehr – verschlossen. Ich setze mich in den Klostergarten.

Das Benediktinerkloster ist eine mittelalterliche Festung mit vergitterten Fenstern an der Außenseite. Somit wird es schwierig für verspätete Pilger, auf anderem Weg hineinzugelangen. Es bleibt als Alternative nur eine umständliche Möglichkeit: die zehn Meter hohe Außenfassade hochzuklettern, das Dach zu überqueren und danach die Wand in den Innenhof hinunterzusteigen.

Später, um 22 Uhr, zeigen sich die Nonnen der Herberge gnädig und öffnen erneut das Tor. Drei Personen werden benötigt, um das stabile Holztor des Klosters zu entriegeln und zu öffnen. Vor dem Tor hatte sich eine Schlange von mehr als 30 Pilgern gebildet, die bisher ausgeschlossen waren und nun hineinströmen. Solche Öffnungszeiten sind schwierig einzuhalten. Einerseits, da in größeren Städten in Spanien abends ausgiebig gefeiert wird, andererseits, da man sich auf dem Rückweg in der verwinkelten Altstadt mit den kleinen Gassen und vielen Plätzen allzu leicht verläuft.

Die Koreanerinnen verabschieden sich an dem Abend. Mit der Zeitplanung hatten sie sich verschätzt und müssen ein Stück mit dem Bus Richtung Santiago fahren, um die Zeit abkürzen.

Feuer

19. August, León → Hospital de Órbigo

Wenn man *Léon* hinter sich gelassen hat, kommt man erneut an den exotischen Erdhöhlen vorbei. Nachdem ich einen alten Jeep am Wegesrand bewundert habe und mich nach einer Wasserquelle umschaue, präsentiert sich vor mir eine Bank, auf der von jemand eine Kiste mit Äpfeln, Keksen und anderen Leckereien bereitgestellt hat. Darüber ist ein Zettel angebracht: »Pilger, dies ist für dich - von einem Freund der Pilger«, und der Hinweis: »Einen Brunnen findest du 200 Meter weiter«. Sympathisches und gastfreundliches Volk, diese Spanier. Man kann sich nur freuen, Pilger zu sein.

An einem Haus sehe ich einen Hinweis, 298 km nach Santiago. Keine Wolke zeigt sich am Himmel, ein weiterer Nachmittag von intensiver Hitze. Viele Kilometer verläuft parallel zum Weg ein Kanal, der zur Bewässerung der Maisfelder dient. Breit genug wäre er für ein Schlauchboot. Ich beginne, vor mir her zu träumen: wie ich in einem Gummiboot sitze und mich den Kanal flussabwärts treiben lasse. Wenigstens lenkt der Gedanke etwas von der zunehmenden Müdigkeit in meinen Füßen ab.

Später geht mein Trinkwasser zur Neige, bald darauf ganz aus – auf dem Feldweg ist keine Wasserquelle in Sicht. Jedoch hängen am Weg die größten und saftigsten Brombeeren, die ich bisher gesehen habe. Und helfen auch gegen den Durst. Bald fallen mir am Himmel seltsame Wolkenformationen ins Auge: Rauchwolken am Horizont.

Ein Wasserturm und daneben ein Ortsschild – *Hospital de Órbigo*, dessen Name auf ein Pilgerhospital am gleichnamigen Fluss verweist. Die Tagesetappe habe ich fast geschafft, nur noch eine antike Brücke muss überquert werden - aber was für eine! Obwohl der Fluss nicht besonders breit ist, zieht sich diese über 200 Meter Länge hin. Wahrscheinlich ist das trockene Gelände darunter zu anderen Jahreszeiten ein Überschwemmungsgebiet.

In der Mitte der Brücke ist ein Schild angebracht, eine Legende wird darauf erwähnt: ›Passo Honroso‹ - der Pass der Ehre. Im Mittelalter soll ein Ritter jeden adligen Pilger, der die Brücke passieren wollte, zum Zweikampf herausgefordert haben. Und jeden der insgesamt 300 Gegner soll er besiegt haben.

In dem brackigen Wasser des Flusses *Órbigo* sehe ich eine spanische Familie beim Baden – sehr unhygienisch in dem fast stehenden und von Algen durchwachsenen Gewässer.

Einige Meter weiter erreiche ich die Pilgerherberge. Flaggen mit dem Malteserkreuz wehen davor, der Name *Karl Leisner* ist dort angebracht - einem Märtyrer aus der Zeit der NS-Diktatur, der kurze Zeit nach seiner Befreiung aus einem Konzentrationslager an den Folgen einer Tuberkulose verstorben war. Und seliggesprochen wurde.

Durch das Tor betrete ich einen wunderschön gestalteten Innenhof, rundum eingerahmt von auf Holzsäulen ruhenden Fachwerkhaus-Fassaden, geschmückt von zahlreichen Hängepflanzen und Blumen. Und von einer wunderschönen jungen Blondine, die am Eingang wartet. Sie begrüßt mich freundlich, fragt nach meinem Pilgerausweis und ob ich eine Unterkunft für die Nacht suche. Im ersten Moment bin ich paralysiert. Pilgerausweis? Und was war die andere Frage? Nach einem Moment im Tagtraum bin ich wieder geistig bei mir – ja, ich bin Pilger und brauche ein Bett für die Nacht. Als sie die Registrierung vornimmt, bin ich immer noch überrascht: als Model könnte sie Karriere machen - ist aber eine der freiwilligen Herbergsverwalterinnen. In akzentfreiem Englisch bittet sie mich, ihr in den Innenhof zu folgen, um mir den Schlafsaal und die Waschmöglichkeiten zu zeigen.

Im Garten, den man nach einem weiteren Durchgang erreicht, treffe ich sogleich den koreanischen Priester und wir begrüßen uns freudig. Der Garten ist ziemlich weitläufig - im Hintergrund liegt eine Pilgerin, die sich in der gleißenden Sonne oben ohne sonnt und deren Haut die Farbe einer reifen Erdbeere, mit Tendenz zu violett, angenommen hat. »Gesund ist das bestimmt nicht«, kommentiere ich kurz und der Koreaner nickt zustimmend.

Nachdem ich mir ein Bett ausgesucht, geduscht und die Wäsche gewaschen habe, steht eine Wanderung in der nachmittäglichen Sonne durch den Ort an. Die Malteserkirche ist geschlossen. Aber ich erinnere mich, vor der Brücke eine weitere Kirche gesehen zu haben.

Beim Überschreiten der Brücke fällt mir wieder eine größere Rauchwolke am Horizont auf. Einen Moment später erglüht in der Marienkirche mit dem Einwurf einer 10-Cent-Münze ein kleines Licht. Unterdessen – ich war nur 10 Minuten drinnen - ist es draußen zappenduster geworden. Auf dem Weg zurück über die Brücke sehe ich die Ursache: die Rauchwolke hatte sich ausgebreitet und verdeckt fast den gesamten Himmel. Rot glühend blickt eine rote Sonne wie ein Feuerball durch Rauchschwaden und wird fast verschlungen. Ich bin beeindruckt von der Szenerie, etwas Vergleichbares habe noch nie gesehen.

Zurück in der Herberge, frage ich die Verwalterin, ob sie etwas über den Brand erfahren hätte. Sie resümiert, es ist wahrscheinlich ein Gärtner, der ein wenig trockenes Stroh verbrennt. Vermutlich versucht die attraktive Dame mich zu beruhigen - meine Vermutung tendiert eher dahin, dass das Strohfeuer dieses Gärtners ein anliegendes Waldgebiet in Brand gesetzt hat. Im Laufe des Nachmittags wird der Tag zur Nacht, Ascheregen fällt vom Himmel - wie damals in Sodom und Gomorrha. Spät nachts denke ich: hier sind wir in der Mitte des Dorfes sicher, da sich rundum Steinhäuser befinden.

Am nächsten Morgen ist der Herbergsgarten von einer Ascheschicht bedeckt. Ebenso meine Wäsche auf der Leine, die aber zum Glück trocken ist und sich leicht säubern lässt. Auf zur nächsten Etappe.

Das Inferno

20. August, Hospital de Órbigo → el Ganso

Mit dem Koreaner durchquere ich morgens eine grauweiße Landschaft. Die Felder sind von Asche bedeckt, es muss ein größerer Brand gewütet haben.

Bald, auf einer Anhöhe, steht vor uns ein Wagen, der überladen ist mit allen möglichen Lebensmitteln wie Obst, Müsli, Kaffee, Tee, Marmelade und Brot. Zwei Pilger, die in der Nähe sitzen, rufen uns zu, wir sollten uns einfach bedienen – es wäre alles gratis. Oder für eine Spende, die man in eine Dose einwerfen kann. Der Gönner ist ein Aussteiger, informieren sie uns, der als ehemaliger Manager seinen Job hingeworfen hatte und sein Leben nun der Versorgung der Pilger widmet.

Wir fallen über das Essen her, gießen uns Kaffee ein und frühstücken ausgiebig. Nachdem wir geschlemmt haben und aufbrechen wollen, tauchen zwei Pilgerinnen auf - darunter die Schwarzhaarige, die ich abends in *Bercianos* zum ersten Mal gesehen hatte. Ich ergreife die Gelegenheit, ihr von dem Gratis-Frühstück zu erzählen. Schade, dass mir kein Vorwand einfällt, um noch etwas länger zu bleiben - gerne hätte ich mich noch eine Weile mit ihr unterhalten.

Mittags, nachdem wir eine aus drei Etagen bestehende Fußgängerbrücke überquert haben, die vermutlich ein Kunstwerk darstellen soll, stehen wir kurz vor *Astorga*. Die Verkehrsinsel vor den Toren der Stadt nennt in großen Buchstaben den antiken Namen der Stadt: *Asturica Augusta*.

Ehemals eine Siedlung des Volkes der Asturer, wurde diese Stadt zur Zeit der Römer zu einer der strategisch wichtigsten der iberischen Halbinsel. Durch geologische Gegebenheiten, ähnlich einem Tafelberg in erhöhter Position, besitzt der Ort eine ideale Lage zur Verteidigung.

Nach dem Aufstieg in die Stadt *Astorga* präsentiert sich uns gleich zu Beginn eine archäologische Stätte - Ausgrabungen eines römischen Thermalbades, verziert mit Bodenmosaiken. Wenig später erreichen wir das Zentrum. Die Altstadt wird dominiert von der Kathedrale, die mit detaillierten Reliefs vollendeter Steinmetzkunst geschmückt ist - und dem Palast von *Gaudi*. Der Palast erinnert an die Landschlösser an der Loire in Frankreich, vielleicht auch an das Schloss Neuschwanstein. Abgesehen von der Kathedrale in Barcelona ist dieses Gebäude das interessanteste Bauwerk des berühmten spanischen Architekten *Gaudi*. Ursprünglich wurde der Prunkbau als Bischofssitz erbaut, mittlerweile ist es ein Museum. Und heute geschlossen - genauso wie die Kathedrale. Es ist Montag. Schade.

Nachmittags durchqueren wir einige Dörfer, zum Schluss wandern wir auf einem schnurgeraden und langen Feldweg. Dieser wäre sicher recht eintönig, würden sich nicht zu unserer linken Seite beständig Wolkensäulen auftürmen - die bis in den Himmel reichen und von Waldbränden herrühren müssen. Hoffentlich nimmt der Weg keine Abbiegung nach links. Er führt zum Glück schnurgerade weiter, bis wir *el Ganso* erreicht haben - was trivialerweise ›die Gans‹ heißt.

In der Herberge lernen wir neue Pilger kennen - mehrere Franzosen, ein spanisches Paar, zwei jüngere deutsche Pilgerinnen, einen Österreicher. Und ich begegne ihr wieder, der Pilgerin, die mich an dem außergewöhnlichen Abend in *Bercianos* paralysiert hatte. Ihren Namen erfahre ich auch: Jessica. Aus Kanada, unterwegs mit Debbie, einer Australierin. Nachmittags verabreden wir uns mit einigen weiteren Pilgern zum Pilgermenü. Zusammen versuchen wir, ein Restaurant ausfindig zu machen - nur zwei Gastwirtschaften sind im Dorf zu finden, die erste ist eine Biker-Bar, die nur Snacks anbietet, in der zweiten bekommt man Menüs. In diesem Restaurant treffen wir auf Flo, einen österreichischen Pilger aus der Herberge, der gerade mit seinem Essen fertig ist, sich aber noch an unseren Tisch setzt. Er hält der Kanadierin, die zwischen uns sitzt, den Rest des Abends lange Vorträge. Für mich ergibt sich keine Gelegenheit, mit ihr auch nur ein paar Worte zu wechseln.

Deswegen höre ich gebannt zu, als sie über sich erzählt. Dass sie aus Kanada kommt, von Problemen, die sie vor allem mit ihrem Vater bekam, als sie die Entscheidung getroffen hatte, Tanz zu studieren. Sie führt weiter aus, es gehe dabei um modernen Tanz - mit dessen weiterer Beschreibung ich recht wenig anfangen kann. Etwas perplex denke ich, Ballett oder Ähnliches. Für mich wäre das gar nichts - das einzige Mal, dass ich an so einer Aufführung teilgenommen habe, kommt mir in Erinnerung: *Macbeth*. Ich hatte damals angenommen, es wäre das Stück von Shakespeare. Die Vorfreude war ziemlich schnell dahin, als sich herausgestellt hatte, dass es sich um ein Tanztheater handelte. Diese Erfahrung will ich in dem Moment jedoch nicht thematisieren, damit würde ich mich wahrscheinlich disqualifizieren und mein großes Unwissen bei dem Thema preisgeben.

Auf dem Weg zurück blendet uns ein merkwürdig flirrendes, zunehmend fahl werdendes Sonnenlicht. Am Horizont beeindruckt uns eine riesenhafte

Wolkeneruption - weit in die Stratosphäre scheint dieses phänomenale Gebilde zu reichen. Vielleicht ist dort ein Vulkan ausgebrochen? Wie angewurzelt bleiben wir stehen und beobachten fasziniert das außergewöhnliche Schauspiel.

Von unserem Herbergsverwalter bekommen wir die folgende Information: der Brand würde sich etwa 35 Kilometer entfernt befinden - eine Tagesetappe zu Fuß. Wir sollten am nächsten Tag den Horizont beobachten und aufpassen, dass wir beim Wandern nicht in so ein Inferno geraten.

*

Bisher hatte ich wohl Glück und die Schnarcher in den Herbergen hatten sich dezent zurückgehalten. Diese Nacht Schlaf zu finden, stellt sich aber als schwierig heraus. Vermutlich verwenden die Schnarcher, die in dieser Nacht ein Konzert geben, Ohrstöpsel. Damit sie nicht von ihrem eigenen Schnarchen geweckt werden.

Die Höllentour

21. August, el Ganso → Molinaseca

Bald vernehme ich ein lauter werdendes Brummen auf meiner morgendlichen Wanderung. Der Weg vollzieht eine Kehre nach links und nahe am Weg, auf einer Lichtung, befindet sich eine Hubschrauberstaffel. Rotoren flattern, alles scheint in höchster Alarmbereitschaft zu sein. Beruhigend zu wissen: falls Pilger von Bränden eingeschlossen werden sollten, wird im letzten Moment ein Helikopter auftauchen und sie aus der Flammenhölle retten.

Die Landschaft wandelt sich in eine trockene Savanne. Abgesehen von kleinen Rauchschwaden am Horizont ist die Gegend fortan von Bränden weitgehend verschont geblieben. Der Pfad führt lange Zeit bergauf, gemütlichen Schrittes erklimme ich den Anstieg. Unterdessen holt einer der französischen Pilger vom Vortag sportlich auf, rennt an mir vorbei und ist bald wieder außer Sichtweite. In *Foncebadón* verpasse ich die Wegmarkierung, wandere an der Landstraße entlang und kehre wieder zurück auf den ursprünglichen Wanderweg - dort, wo dieser die Straße kreuzt. Bald darauf überholt mich der Franzose ein zweites Mal und äußert sich verblüfft: er wäre seit unserer letzten Begegnung in hohem Tempo ohne Pause gejoggt. Die Straße war wohl eine wesentlich kürzere Variante.

Der höchste Punkt des Jakobsweges wird markiert durch das *Cruz de Ferro* - ein Eisenkreuz befindet sich am Ende eines hohen Mastes, von einer Steinhalde umgeben. Dort erspähe ich einen Pilger vom Vortag, der, auf dem Boden liegend, zu dem Kreuz gewandt, in ein inbrünstiges Gebet vertieft ist. Dieser Platz war schon den Kelten heilig - in vorchristlicher Zeit begaben sich Gläubige zu diesem Berggipfel, wandten sich in Gebeten an ihre Götter mit Wünschen für eine gesegnete Ernte, Fruchtbarkeit. Oder Heilung von Krankheiten. Vielleicht wurden hier auch Menschenopfer dargebracht. Ein legendärer Brauch ist, von zuhause einen Stein mitzunehmen und am *Cruz de Ferro* abzulegen. Der Stein symbolisiert die spirituelle Last, die man mit sich trägt und von der man sich an diesem Ort befreit. Einige persönliche Gegenstände von Pilgern liegen hier verstreut umher oder wurden an den Mast gebunden, Kruzifixe, Rosenkränze, Fotos, Gedenkschreiben sowie getragene Socken.

Schwieriger als der Aufstieg gestaltet sich der Weg bergab. Vielleicht hatte einer der Pilger diesen nicht gewagt, daher in der Nähe diese Hütte aus Holz errichtet und sich entschieden, den Rest seiner Tage als Tempelritter zu dienen. Steil führt der Weg abwärts über Geröll und Felsbrocken bis zur nächsten Ortschaft, in der ich wieder bekannte Gesichter sehe. Den Österreicher und den französischen Pilger - morgens waren sie noch topfit und im Laufschritt unterwegs, sind an ihre physische Grenzen gestoßen und warten nun vor der Herberge in *El Acebo* auf einen freien Platz. Stechpalme heißt der Ort übersetzt, passend zur Landschaft.

Der nächste Ort folgt, ein kleiner spanischer Junge sitzt hinter einem Tisch und bietet wahlweise Muscheln und Getränke zum Kauf. Eine Dose Cola, versucht er mich zu überzeugen, bekäme ich für 1 Euro, eine Muschel für 50 Cent. Eine Dose und eine Muschel würde er zum Sonderpreis anbieten: zusammen für nur 2 Euro. Mit dem Rechnen sollte er noch etwas üben - denke ich bei mir – und eigentlich brauche ich nichts. So streng will aber nicht sein und kaufe ihm eine Getränkedose ab. Vielleicht wird er ja, in ferner Zukunft, ein erfolgreicher Geschäftsmann sein, eine Firma gründen und diese entlegene Region zu einer der prosperierendsten von ganz Spanien entwickeln, für Vollbeschäftigung und Wohlstand sorgen.

Am Ende des Ortes setzt sich der Abstieg fort, es folgt die unangenehmste Wegstrecke seit der Etappe über den Bergpass von *Alto del Perdón* – die mittlerweile mehr als zwei Wochen zurückliegt. Die Schuhe finden auf dem Geröllhang, der aus scharfkantigen Felsen besteht, kaum Halt - man knickt an den Fußgelenken um, nach einigen Kilometern Wegstrecke spürt man seine eigenen Füße nicht mehr.

Molinaseca erreiche ich in einer miserablen Verfassung. Der übersetzte Name des Ortes bedeutet trockene Mühle. Paradoxe Bezeichnung für eine Wassermühle im ersten Moment – der Name bezieht sich jedoch auf das Material. Getreide vornehmlich. Die Mühle ist schon lange nicht mehr in Betrieb und ist heutzutage tatsächlich trocken. Eine Steinbrücke führt über einen angestauten Fluss, zahlreiche Spanier schwimmen umher, einige dösen gemütlich am Ufer und halten Siesta. Im Hintergrund erhebt sich ein malerisches Bergpanorama, hinter dem die nachmittägliche Sonne sich fast schon zurückgezogen hat.

Einen Moment überlege ich: soll ich auch in dem Fluss schwimmen gehen, solange es noch warm ist? Die Idee verwerfe ich - wichtig ist es, erst eine Unterkunft für die Nacht zu finden. Auf der Suche nach der Herberge wandere ich durch den Ort und bis zu seinem Ende. Habe ich die Unterkunft womöglich übersehen? Ich erkundige mich bei einer Gruppe von Spaniern - die weisen jedoch auf den Weg, der aus dem Ort hinausführt und erklären, die

Unterkunft würde außerhalb liegen. Zunehmend irritiert wandere ich weiter durch die Landschaft, nach einem Kilometer ist immer noch kein Gebäude zu sehen. Kurz bevor ich mich entscheide, umzukehren, gerät doch noch ein Gebäude in Sichtweite: die Pilgerherberge. Endlich! Beim Anmelden erkundige ich mich nach dem koreanischen Priester - der früher als ich aufgebrochen war. Und da er die letzten Tage recht zügig gewandert war, müsste er auch längst angekommen sein. In der Liste der Pilger ist er jedoch nicht aufzufinden und bleibt Stunden später immer noch verschollen.

Die Duschen der Herberge befinden sich im Untergeschoss, ebenso wie die Ablage für die Straßenschuhe. Der Schlafsaal, in dem sich mein Bett befindet, liegt im 2. Stock. Das hört sich nicht schlimm an. Ist es aber.

Will man die Herberge verlassen, muss man sich erst in den Keller begeben und die Schuhe holen, die man wegen der Reinlichkeit im Haus nicht tragen darf. Wenn man in die Herberge zurückkehrt, muss man treppab in das Untergeschoss, die Schuhe abstellen, dann hinauf in den zweiten Stock. Treppensteigen ist höllisch schmerzhaft, wenn man von Gelenkschmerzen und neuen Blasen an den Füßen geplagt wird.

Einige Stunden verweile ich in der Herberge, setze mich abends auf die Terrasse. Und erblicke plötzlich den Koreaner. Schon von weitem fällt mir auf, wie gebeugt und schwerfällig er die Straße entlang schreitet, dabei langsam einen Fuß vor den anderen setzt, jeden Schritt mit seinen Wanderstöcken abfedert und völlig am Ende seiner physischen Kräfte ist. Ich frage ihn: Was ist passiert? Er erwidert, er hätte einen Umweg nehmen müssen, da er Akku und Ladegerät seiner Kamera in der letzten Herberge vergessen hatte und das erst bemerkt hätte, als schon 10 Kilometer hinter ihm lagen. Deswegen die Strecke zurück gewandert wäre, da er keine Ersatzausstattung für seine Kamera hätte.

Kein Wunder, dass er in so einem fürchterlichen Zustand angekommen ist - schon der einfache Weg von *el Ganso* nach *Molinaseca* beträgt mehr als 30 Kilometer.

Das Erbe der Templer

Nach dem ersten Kreuzzug, zu dem ein Heer aus religiös motivierten Rittern, niederem Adel und mehrheitlich einfacher Landbevölkerung verschiedener europäischer Herkunft - wenig organisiert aber vereint im Glauben - zu einer christlichen Mission aufgebrochen war und der im Jahr 1099 in der Eroberung der heiligen Stadt Jerusalem endete, nimmt sie ihren Anfang: Die Geschichte um einen geheimnisvollen Orden, deren Mitglieder sich den Regeln sowohl des Mönchtums als auch des adligen Rittertums verschrieben haben. Um den sich - bis in die Gegenwart - zahlreiche Mysterien ranken. Das Gründungsdatum, vermutlich Anfang des 12. Jahrhunderts, ist umstritten. Offiziell kam diesem Orden die Aufgabe zu, für Sicherheit auf den Pilgerwegen nach Jerusalem zu sorgen.

Unumstritten ist der Einfluss auf die Politik und der sagenhafte Reichtum des Templerordens – der allein dem Papst unterstellt war und sich somit allen Verpflichtungen gegenüber weltlichen Herrschern entzog.

Neben den Templern wurden weitere Ritterorden gegründet, wie unter anderem der Santiagoorden oder der Malteserorden. Zwei Rollen wurden dabei vereint, die bisher unvereinbar waren - die Regeln der Mönche waren ein Vorbild für das Leben als Tempelritter, zusätzlich kam ihnen die Aufgabe zu, bedrohten Pilgern notfalls mit dem Schwert beizustehen. Oder der Christenheit, wenn man sie von Andersgläubigen bedroht sah.

Hatten die Templer im ersten Kreuzzug nach der erfolgreichen Erstürmung Jerusalems geheimnisvolle Schätze in ihren Besitz gebracht, womöglich die Bundeslade oder den Heiligen Gral? - solche Mutmaßungen entspringen eher dem Reich der Phantasie. Möglicherweise kamen die zunehmend begehrten Reliquien in ihren Besitz. Einen in Gold nicht zu bemessenden Wert hatten Schriften der Philosophie und Medizin in der aufstrebenden christlichen Welt – Wissen, das lange Zeit nicht zugänglich war, über das nun der Templerorden verfügte. Und der sich intensiv der Erforschung der Welt widmete.

Wahrscheinlich war dieses Wissen ebenso wie die geheimnisvolle Aura ein Grund, weshalb sich vor allem vermögende Adlige diesem Orden angeschlossen haben, und - gemäß dem Armutsgelübde - ihr Land und ihren Besitz dieser Gemeinschaft überantworteten. So gebot diese Gemeinschaft bald über umfangreiche Ländereien und gewann an Reichtum und Macht hinzu.

Die Tempelritter übernahmen weitere Aufgaben - wie die Verwaltung von Besitztümern und Eintreibung von Steuern, waren im Geldverleih tätig und entwickelten eine Art Scheckwesen, mit dem Zahlungen über weite

Entfernungen abgewickelt werden konnten. Die Infrastruktur machte es ihnen möglich, da sie über die Pilgerrouten wachten und somit auch über wichtige Handelswege.

Der Geldverleih wurde ein einträgliches Geschäft für den Templerorden - war aber letztendlich die Ursache für seinen Untergang.

Freitag der 13. wurde der Schicksalstag für den Templerorden: Philipp IV von Frankreich und Navarra ›der Schöne‹ war einer der besten Kunden, was das Leihen von Geld anging. Nur das Zurückzahlen des Geldes stellte für ihn ein notorisches Problem dar. Statt Insolvenz zu beantragen, kam er auf eine andere Lösung – um sein Gesicht zu wahren, strebte er die Vernichtung des Ordens und die Beschlagnahmung des sagenhaften Reichtums an.

Zusätzlich waren die Templer eine Macht im Land, die sich dem Einflussbereich dieses Königs – der ein System des Absolutismus etablierte - entzogen, was er wohl nicht akzeptieren wollte. Viele Jahre eines unerbittlichen Machtkampfes gab es im Vorfeld zwischen dem früheren Papst und dem französischen König. Die Ordensmitglieder wurden der Häresie und Sodomie beschuldigt. Da Philipp zu dem Zeitpunkt den amtierenden Papst Clemens V quasi als sein eigenes Haustier in Avignon hielt, konnte er sich auch der uneingeschränkten Unterstützung des Klerus sicher sein, ließ die Tempelritter wegen Ketzerei verhaften, foltern und löste in seinem Reich den Orden auf.

Während in Frankreich die Templer von Philipp unnachgiebig verfolgt wurden, gingen viele Königreiche einen anderen Weg – Kastilien und Portugal schlossen ein Abkommen zum Schutz der Templer, dort bestand diese Gemeinschaft weiter fort. In Portugal nun unter einem neuen Namen: Christusorden, der bis zum Jahr 1834 bestand. Namhafte Mitglieder wie Heinrich der Seefahrer, Vasco de Gama und Christoph Kolumbus entdeckten die Welt auf dem Seeweg oder förderten Entdeckungsreisen, erstellten detaillierte Karten, eröffneten so dem Volk der Iberischen Halbinsel neue Handelswege, neue Länder und ebneten für ihre Königreiche den Weg, zu Kolonialmächten aufzusteigen.

Der Soldat

22. August, Molinaseca → Cacabelos

Von *Molinaseca* nach *Ponferrada* ist es nur ein Katzensprung. Hier befindet sich die Templerburg - eines der großen Highlights auf dem Jakobsweg.

Eine mächtige Ritterburg - genau so eine hatte ich mir immer als Kind gewünscht - erhebt sich nun vor mir. Dies wäre die passende Kulisse, um mittelalterliche Sagen als Film lebendig werden zu lassen. Beispielsweise *König Artus* - es würde kaum auffallen, dass sich die Burg nicht in England befindet. Beispielsweise wurde *Robin Hood*, mit Kevin Costner als Helden, auch an einem geschichtlich unpassenden Ort gedreht: auf der *Katharerburg Carcasonne* in Südfrankreich.

Leider sind die Tore verriegelt und die Templerburg würde erst in einer Stunde - um 10 Uhr - öffnen. Zudem 6 Euro Eintritt kosten. Von außen ist diese verwinkelte Burg mit den vielfältigen zinnenbewehrten Türmen sehr eindrucksvoll.

Ponferrada ist benannt nach der mit Eisen verstärkten Brücke - Bischof Osmundo von Astorga ließ diese im 11. Jahrhundert über den Fluss und seine tiefe Felsschlucht für die Jakobspilger erbauen. Leider überdauert Eisen keine Jahrhunderte, daher sind von der ursprünglichen Brücke keine Überreste mehr vorhanden - heute überquert man den Fluss über eine Steinbrücke.

Nach einer Frühstückspause in einem Café, dessen Terrasse eine museale Dampflok ziert, geht es neuen Zielen entgegen.

Ein paar Sehenswürdigkeiten muss ich auf der anschließenden Etappe verpasst haben - eine Tafel am Weg hatte über ein Kloster *Carracedo* informiert, das ich nicht entdeckt habe. Nach dem Ort *Fuentes Nuevas* richtet sich mein Blick auf ein paar Ruinen, aber das Gelände ist eingezäunt. Entweder sind kaum Wegmarkierung vorhanden oder ich habe zuletzt einige übersehen. Zum Schluss laufe ich 10 Kilometer durch ein reines Wohngebiet - die Neubauten bieten wenig Abwechslung. Bis auf ein Bonbonfarben-buntes Eigenheim, das vom Stil völlig aus dem Rahmen fällt - das Haus, der Zaun und der Garten sind in Farbtönen Rosa, Hellblau, Orange, Hellgrün gehalten und sonderbare Statuen erheben sich im Garten, die wahrscheinlich Figuren aus einem Mädchen-Comic darstellen.

Danach erreiche ich *Cacabelos*. Am Ufer des Flusses, den ich überquere, halten einige Spanier Siesta oder planschen im kühlen Nass.

Die Bezeichnung der Region, el Bierzo, ist zurückzuführen auf den keltischen Namen der Festung Berg-Dum - die Kelten konnten diese einige Jahre erfolgreich gegen römische Angriffe verteidigen. Für die Römer war das Gebiet jedoch zu attraktiv zur Ausbeutung von Bodenschätzen - eine Bergregion, die reich mit Goldvorkommen gesegnet ist - um aufzugeben. Nach wiederholten Angriffen und vielen Kämpfen konnten sie dieses Gebiet ihrem Imperium einverleiben. Die eroberte Festung wurde zu einem römischen Militärlager ausgebaut - dem Castro Ventosa. Wahrscheinlicher Ursprung des Namens der Stadt - im Laufe der Zeit stark abgewandelt: Cacabelos.

Kurz vor der Herberge hole ich einen braungebrannten, mit Stöcken wandernden Pilger ein. Der sichtlich erschöpft, am Ende seiner Kräfte zu sein scheint und vorsichtig einen Schritt vor den anderen setzt. Seine Wanderstöcke unter die Arme geklemmt, stützt er sich damit ab, als wären sie Krücken. Wir betreten zusammen einen Innenhof - kleine Hütten umringen eine Kirche und bieten Platz für jeweils zwei Pilger.

Im Hinterhof sind Bänke aufgestellt. Eine Gruppe von Pilgern verschiedener Nationen halten gerade ihre Brotzeit und diskutieren. Eine deutsche Pilgerin lädt mich ein, bei ihnen Platz zu nehmen. Ebenso am Tisch sitzt ein Spanier - vermutlich ein Soldat - der nicht mehr allzu nüchtern wirkt. Er hält lange Vorträge über Länder, in denen er zuletzt gewesen wäre, über Einsätze in Syrien und Libanon, über spezielle Muskeltrainings-Techniken: »Trizeps, besonders wichtig ist der Trizeps«, über Ufos, die er in Schweden gesichtet haben will und äußert sich begeistert über die deutsche Kultur, von der er auch viele Details zu kennen scheint: »Oktoberfest – Cerveza, Cerveza, Cerveza!«, was er gestenreich mit dem Ansetzen eines Maßkruges untermalt.

Der Soldat führt einen Zaubertrick vor, wie er eine Münze verschwinden lassen kann. Der Trick funktioniert so, dass er jemanden auffordert, ihm eine Münze in die Hand zu geben und er darauf seine Hand, mit der Münze darin, schließt. Hört sich zuerst nicht beeindruckend an, ist es genau genommen auch nicht. Danach fragt er in die Runde, wie wir seine kleine Vorführung fanden, erntet jedoch nur spärliches Lob. Die deutsche Pilgerin frage ich verdutzt, was das Besondere an dem Trick wäre. Sie entgegnet, wenn jemand so besoffen ist und sich kaum noch unter Kontrolle hat, was soll man ihm da schon ehrlich sagen, wie man das findet. Bald scheint sie sich unwohl in der Gesellschaft zu fühlen und flüchtet mit einer anderen Pilgerin in eine abgelegene Ecke des Hofes.

Zwischendurch, als ich gerade neben dem Eingangstor ein belegtes *Bocadillo* verzehre, erscheinen Jessica und Debbie und berichten mir, sie hätten die Templerburg besichtigt, der Eintritt wäre heute ausnahmsweise kostenlos gewesen. Schade - ich hätte bis 10 Uhr warten sollen! Sie führen fort: die Burg wäre eher eine Kulisse und innerhalb hätte es kaum etwas Sehenswertes gegeben. Hauptsächlich wäre die Aussicht von dort oben beeindruckend gewesen. Das bestätigt sich, als ich ein paar Fotos auf Debbies Kamera anschaue - viel Interessantes wäre tatsächlich nicht im Burginneren zu sehen gewesen. Außer Jessica, von der sie viele Fotos aufgenommen hatte - von denen ich auch gerne einige haben würde.

Ob ich diese Herberge empfehlen kann? - den Anblick der Waschräume und die etwas ungemütlichen kleinen Hütten mit jeweils zwei Betten vor dem geistigen Auge, zögere ich und antworte: »Es geht so halbwegs«. Die beiden entschließen sich darauf, noch etwas weiterzuwandern und in einer privaten Herberge unterzukommen - jetzt habe ich mir die Chance selbst verbaut, meine Traumfrau vom Jakobsweg besser kennenzulernen. Vielleicht hätte ich die Unterkunft in höchsten Tönen loben sollen! Bevor sich Jessica und Debbie verabschieden, frage ich noch, welche Orte und Unterkünfte in den nächsten Tagen auf dem Weg liegen würden, da ich keine weiteren Etappenpläne mehr habe. Die einzige Information mit Entfernungsangaben - eine Liste der Herbergen - befand sich auf einem Zettel, den ich am Anfang des Jakobsweges in *St.-Jean-de-Port* erhalten hatte, der mir aber abhanden gekommen war. Mein Mini-Reiseführer enthält solche Daten nicht. Debbie überreicht mir ihren Zettel und meint, sie würde diese Informationen auch in ihrem Pilgerführer finden. Darauf machen sich die Beiden auf den Weg zur nächsten Unterkunft.

Abends erzählt die deutsche Pilgerin, sie wäre erst heute gestartet und nur 10 Kilometer gewandert, hätte aber schon Probleme mit den Kniegelenken, aufgrund eines zu schweren Rucksacks mit viel Ersatzwäsche - sogar Plastikgeschirr hat sie dabei. Ich empfehle ihr, vieles zu entsorgen, Geschirr braucht man nun wirklich nicht. Oder alternativ, wie viele Pilger, die unterwegs merken, dass sie auf Einiges verzichten können, alles Überflüssige per Postpaket nach Hause zu schicken.

Zwei ihrer Begleiter mischen ihr abends einen Trunk zur Stärkung – Wasser, dem sie Salz beigemengt haben, sowie Honig - da sie der Meinung sind, sie wäre zu mager. Ob das die richtige Energiequelle ist? Besonders schmackhaft scheint dieser Energietrunk jedenfalls nicht zu sein.

Der Soldat überredet mich spät abends noch, etwas von seinem Wein zu kosten und schwärmt davon, dass der *Galicische* etwas ganz Besonderes wäre. Ich probiere etwas von dem Wein - so außergewöhnlich finde ich den Geschmack jedoch nicht. Bald begebe ich mich zur Nachtruhe. Das zweite Bett der Hütte ist noch leer und meine Befürchtung ist, dass ich die Unterkunft mit dem Soldaten teilen muss. Die Nacht bleibt ruhig, wer später auftaucht und das zweite Bett belegt, kann ich im Dunkeln jedoch nicht erkennen.

*

Über Nacht zieht sich der Himmel zu und ist morgens mit dichten grauen Wolken bedeckt. Um 7:30 Uhr morgens ist es immer noch dunkel. Es sieht danach aus, dass Regen einsetzen könnte, der bleibt zum Glück aber aus. Andererseits würde ich auch etwas Regen begrüßen, der die überall lodernden Waldbrände löscht.

Der mutmaßliche Soldat erscheint kurze Zeit bevor ich aufbreche und klagt über Kopfschmerzen. Heiser murmelt er, dass er als erstes Medizin gegen den Kater bräuchte und besorgt sich ein Bier aus dem Getränkeautomaten.

Übernachtung unter der Brücke

23. August, Cacabelos → Vega de Valcarce

Bei wolkenverhangenem Himmel und einigen Rauchwolken am Horizont führt der Weg durch eine grüne Landschaft, bis ich in *Villafranca* ankomme: eine Frankensiedlung und die zweite Stadt mit diesem Namen auf dem Jakobsweg. Zur Unterscheidung wird der Name dieser Stadt ergänzt mit *del Bierzo*, der so bezeichneten Landschaft der Umgebung.

Ich wandere an der Pilgerherberge von *Villafranca* vorbei - der Koreaner hatte sich am Vortag eine längere Etappe vorgenommen und geplant, hier zu übernachten. Später erfahre ich, dass in der vergangenen Nacht alle Pilger aus der Herberge geflohen wären, als die Waldbrände immer näher rückten. Nachts um 2 Uhr hätte jemand Alarm geschlagen. Die dort nächtigenden Pilger hätten einige Zeit von der Herberge aus beobachtet, wie das Feuer durch aufkommende Windböen immer weiter angefacht wurde. Um 3:30 Uhr wäre Panik ausgebrochen und sie hätten sich zur Flucht entschlossen, um nachts den Weg fortzusetzen. Italienische Pilger, die ich später noch kennenlernen werde, erzählen ebenso von dieser ereignisreichen Nacht.

Einige Feuersbrünste sehe ich am Berghang in Stadtnähe lodern, setze meinen Weg dennoch fort und treffe am Ortsende den Spanier wieder, der sich am Vorabend schweren Fußes zur Herberge geschleppt hatte und dem die Fortbewegung nur mit Hilfe seiner Stöcke möglich ist. Wir wandern ein paar Kilometer zusammen, zeitweise gesellt sich ein Pilgerhund dazu und verlässt uns bald wieder – wahrscheinlich, weil wir ihn nicht gefüttert haben. Der Spanier und ich trennen uns ebenso nach einiger Zeit, da er mittlerweile wegen seines beklagenswerten Zustandes nur äußerst langsam vorwärtskommt.

Der Weg über den nun folgenden Pass erweist sich als sehr unangenehm, da er nach einer Biegung parallel zur Schnellstraße verläuft. Anfangs existiert noch ein getrennter Fußweg, später wandert man direkt am Rand der Straße. Mir kommt in Erinnerung, was heutzutage die größte Gefahr für Pilger ist und wodurch die meisten umkommen: Verkehrsunfälle. Und nicht mehr, wie vor Jahrhunderten, Überfälle durch Banditen. Donnernd fährt ein LKW nach dem anderen dicht an mir vorbei. Wie ich später erfahre, habe ich zuvor einen Alternativweg verpasst, der bezeichnet wird als *Camino Duro* - der schwere Weg, da er über einen längeren und höheren Bergpass führt. Den Straßenlärm, in dem man sein eigenes Wort nicht mehr versteht, hätte ich vermeiden können.

Auf einigen Ortsschildern sind hier die Namen handschriftlich geändert, ein ›j‹ wurde durchgestrichen und durch ein ›x‹ ersetzt - typisch für die galicische Sprache. Man scheint sich mehr mit der Nachbarregion zu identifizieren.

Am Ende erreiche ich *Vega de Valcarce* - übersetzt ist es die Aue des Flusses *Valcarce*. Die kommende Nacht werde ich unter einer Brücke verbringen. Auf turmhohen Stelzen über dem Ort verläuft eine Autobahnbrücke, darunter befindet sich die Herberge. Und am Empfang abermals eine Blondine als Herbergsverwalterin.

Kurz nach der Anmeldung wandere ich auf der Suche nach einem Restaurant durch den Ort - nur eines kann ich entdecken. Dieses scheint jedoch momentan geschlossen zu sein. Die Herberge ist auch mit einer Küche ausgestattet, daher besorge ich die Zutaten für das typische Pilgeressen, Spaghetti mit Tomatensoße. Schnaufend wandere ich wieder zurück und klettere die steile Straße wieder hinauf zu meiner Unterkunft. Dieses Dorf ist auf dem ganzen Jakobsweg rekordverdächtig, was den Höhenunterschied von einem Ende zum Anderen angeht.

In der Küche schaue ich mich um - in einem Schrank findet sich ein Stapel von mehr als 20 Pfannen. Aber Töpfe? Es gibt insgesamt nur zwei. Und die haben andere Pilger schon in Beschlag genommen, um Spaghetti Bolognese zu kochen. Frustriert entscheide ich mich, unten im Dormitorium zu warten. Dort spricht mich eine Französin an und empfiehlt, dass ich ihre Mitpilger in der Küche fragen sollte, um mich deren Abendessen anzuschließen. Wieder zurück in der Küche - die ist im 1. Stock - frage ich zwei Franzosen und einen etwas älteren Kanadier, ob sie noch einen Mitesser brauchen könnten. Sie haben nichts dagegen. Ich darf mich mit meinen Zutaten anschließen und mich zu ihnen an den Tisch gesellen.

Einer der französischen Pilger ist extrem übergewichtig. Und zwar so breit wie hoch, wahrscheinlich mit genügend Reserven ausgestattet, um den kompletten Jakobsweg ohne Nahrungsaufnahme zurücklegen zu können. Die Frage stellt sich mir, wie eine Wanderung von vielen Kilometern, ohne dabei Schaden zu nehmen, jemand mit solchen Ausmaßen überstehen kann. Ebenso am Tisch sitzt bald auch die französische Pilgerin, deren Pilgerführer aufgrund des Titels mein Interesse weckt: ›Miam Miam Dodo‹. Mir wurde erklärt, dass Pilger sich früher so nach Essen und Unterkunft erkundigt hätten.

Der Kanadier bringt eine Anekdote zum Besten: unterwegs habe er einer Frau erzählt, er wolle den Jakobsweg zum Schluss nach *St.-Jean-Pied-de-Port* zurückwandern. Sie hätte entgegnet, er wäre doch verrückt. Ihre Antwort hätte ihn maßlos geärgert - er wäre aufgebraust, hätte sie zurechtgewiesen mit den Worten:»Sprich mich nie wieder an!«.

Vor der Tour war ich nicht mal sicher, ob ich den gesamten Weg bis nach Santiago durchhalten würde. Niemals hätte ich daran gedacht, keinesfalls wäre ich auf die Idee gekommen, freiwillig den ganzen Weg wieder zurückzulaufen. Das hatte sich geändert nach der Begegnung mit dem Extrempilger - was sind schon zweimal 800 km gegen eine Wanderung von 15.000 Kilometern?

Im Moment überlege ich, ob ich meine Zweifel erwähnen soll, die ich zu Beginn des Weges hatte - während der Kanadier sich immer mehr echauffiert mit den Worten:»Niemals wieder! - ich bin nicht verrückt!«, und sich in immer mehr in Rage redet. Ich verzichte darauf, eine Kritik anzubringen.

Spät nachts ist das monotone schleifende Geräusch eines Wäschetrockners zu hören. Eine Pilgerin murmelt auf Französisch:»soll das jetzt die ganze Nacht laufen?«. Im nächsten Augenblick steht sie auf und zieht kurzerhand den Stecker des Trockners.

Es folgt eine sehr ruhige Nacht.

Der heilige Gral

24. August, Vega de Valcarce → Triacastela

Wenn ich nicht ganz ausgeschlafen bin, schone ich morgens am liebsten meine Kräfte, bis mein Kreislauf in Schwung gekommen ist. Auf diesen Luxus muss ich an diesem Morgen verzichten und mühe mich schwitzend den steilen Pfad bergauf, der direkt hinter der Herberge beginnt.

Dichter morgendlicher Nebel sorgt für stark eingeschränkte Sicht, als sich im Laufschritt jemand nähert und aus dem Nebel hinter mir auftaucht. Ich erkenne den übergewichtigen Franzosen vom Vorabend, bei dem Größe und Breite zu konkurrieren scheinen. Keuchend und von Schweiß überströmt, unter schwerer Atemnot leidend hastet er an mir vorbei und scheint sich kurz vor dem Herzinfarkt zu befinden. Kurze Begrüßung und - normalerweise wäre der Weg breit genug für drei Pilger nebeneinander - ich mache Platz, damit er sein zügiges Tempo beibehalten kann. Kurz darauf ist er wieder im Nebel verschwunden.

Einen Moment starre ich noch fassungslos dorthin, wo ich den breiten Schatten zuletzt wahrgenommen hatte und frage mich: »Was, bei allen Geistern, war das für eine Erscheinung?«, und schüttele den Kopf.

Auf dem weiteren Anstieg durchquere ich die tiefliegende und regenschwere Wolken, folge dem grünen Bergpass und kann, als ich mich umschaue, etwas mehr von dem Panorama der Landschaft sehen. In der Ferne erheben sich die Steinmauern des *Castillo de Sarracin* aus dem Nebel, einer Templerburg aus dem 9. Jahrhundert.

Bald ist der nächste Ort erreicht, *La Faba - galicisch* für ›die Bohne‹ und ein altes keltisches Bergdorf. Wie ich später erfahren werde, haben die Pilger, die nachts vor dem Feuer aus *Villafranca* geflohen sind, hier übernachtet.

Jetzt hat sich der Weg gewandelt zu einem rutschigen und von Kuhdung übersäten Steinpfad, über den auch das Vieh zu seinen Weiden geführt wird.

Kurz vor dem höchsten Punkt befindet sich, mit Graffiti und Slogans für die Unabhängigkeit des Baskenlandes verschmiert, ein Grenzstein: *Galicien!* Nach über zwei Wochen habe ich die größte Region des Landes, *Kastilien und Léon*, verlassen und betrete das Gebiet, in das sich vor zweitausend Jahren die Kelten vor den Römern zurückgezogen haben. In dessen Zentrum sich die legendäre Stadt, das Ziel aller Pilger befindet: Santiago! Bis zur heiligen Stadt ist es nun nicht mehr weit.

Über den Pass fegt ein eisiger Wind, im leichtem Schneeregen kommt mir der Gedanke: eigentlich hätte ich einen Sommerurlaub gebucht. Andererseits kann ich diese erlebnisreichen Wochen bezeichnen als ›all inclusive‹.

Kurz hinter dem Grenzstein erreiche ich den Ort *Cebreiro* - meist ergänzt mit dem galicischen Titel ›O‹ und dem Namen nach eine Siedlung mit vielen zahmen Eseln. Traditionelle mit Strohdächern oder Schiefergestein bedeckte galicische Rundhäuser vermitteln den Eindruck, im Dorf von Asterix angekommen zu sein. Es gibt viele Souvenirläden, aus denen »typisch keltische« Musik erschallt. Allerlei Erinnerungsstücke im keltischen Stil werden dort angeboten - sehr touristisch, dennoch eine sehenswerte Siedlung.

Später werde ich erfahren, dass sich in *O Cebreiro* der Heilige Gral befinden soll - ein Kelch, der pures Wasser in Wein verwandelt. Und, dass man das Wunder beim Gottesdienst in der ältesten Kirche auf dem Jakobsweg bestaunen könnte. Wenigstens ist mir eine lange Suche nach dem Gral erspart geblieben - anders als dem armen Ritter Lanzelot.

Auf dem Weg durch dichtes Waldgebiet komme ich zu der Erkenntnis, dass ich nicht nur eine neue Region betreten habe. Ich habe auch eine Klimagrenze überschritten, da vor allem Farnkraut und Tannen gedeihen. Die vom Atlantik heranziehenden Wolken bleiben an dem Gebirge hängen und sorgen diesseits des *Cebreiro*-Passes für ungemütliches Wanderwetter mit beständigem Regen, während im Gebiet, das ich hinter mir gelassen haben, eher Dürre herrscht.

Eine der nächsten Wegmarkierungen interpretiere ich falsch: nach rechts weist der gelbe Pfeil - so biege ich auch rechts ab und folge einer von zwei Möglichkeiten, die Straße bergab. Nach einigen Kilometern ist keine weitere Markierung mehr aufzufinden, daher überprüfe ich die Position per GPS - das ist nicht mehr der Jakobsweg, zeigt mir die digitale Karte. Aber die Richtung stimmt so ungefähr. Vielleicht führt bald ein Feldweg zum markierten Weg zurück, der auf der Smartphone-Landkarte nicht eingezeichnet ist und ich folge der Straße weiter. Meine Hoffnung erfüllt sich nicht. Es gibt nur diese eine Straße, die durch abgelegene Kuhdörfer verläuft. Mist! Und die ganze Straße ist mittlerweile damit bedeckt. Erst nach 5 Kilometern Umweg gelange ich wieder auf die Höhe zurück und treffe auf die gelben Wegmarkierungen.

Regen setzt ein, als ich zu einem einzeln gelegenen Gebäude gelange - einem Restaurant, in dem ich die französische Pilgerin vom Vortag wiedertreffe. Sie empfiehlt mir eine Spezialität: *Empanadas*. Mit Thunfisch, Schinken oder Käse gefüllten Brotteig - eine Art Pizza. Während es draußen kalt geworden ist und in Strömen regnet, ist es im Inneren sehr gemütlich. Nach einiger Zeit im

Warmen und nach zwei Empanadas begebe ich mich wieder auf den Weg. Das Wetter hatte sich in der Zwischenzeit nicht wesentlich geändert, daher ziehe ich wieder meinen Mülltüten-Poncho über, der bei dem starken Wind auf dieser Höhe und wegen dem horizontal fallenden Regen jedoch von wenig Nutzen ist. Zudem fröstelt es mich, obwohl ich normalerweise fast gegen Kälte immun bin. Wahrscheinlich sind meine Körperfett-Reserven mittlerweile weitgehend aufgebraucht.

Beim Abstieg durch das dem Wind ausgesetzte Gelände weht mir eine frische Brise entgegen, die nach Meer duftet. Der Ozean kommt näher. Ich bestaune eine Kirche am Wegesrand, die ausschließlich aus Schiefer erbaut ist - das Dach ebenso wie die Mauern. Ich bin größer als die Kirche, deren Höhe schätzungsweise 1,75 Meter bis zum Dachgipfel beträgt - ein so niedriges Gotteshaus habe ich bisher noch nie gesehen. Zum Gottesdienst müsste man sich durch die Tür zwängen und hinein krabbeln.

Ein längerer Serpentinenweg führt in das Tal hinab, ich werde von starken Windböen begleitet und wandere vorbei an Rindern und an Hühnerfarmen.

Ich gelange in die Ebene, als vor mir ein Rastplatz erscheint. Eine Gruppe Pilger hat sich dort versammelt und auf einem Holztisch verschiedene Mahlzeiten und Getränke ausgebreitet. Bei ihnen sehe ich auch Uwe, einen deutschen Pilger, in eine Unterhaltung vertieft. Genau in dem Moment, als ich die Gruppe erreiche, entwickelt der Wind urplötzlich eine immense Kraft - eine reißende Windböe fegt den gedeckten Tisch komplett leer und belegte Brote, Plastikbecher, Servietten landen im Staub. Gerade bin ich gut gelaunt. Es hat schließlich nicht mich erwischt und ich kommentiere zu Uwe: »Heute haben wir Rückenwind, das ist praktisch zum Wandern«, worauf dieser entgegnet: »Du hast ja einen sarkastischen Humor.«

Nur noch wenige Meter, dann habe ich *Triacastela* erreicht - drei Burgen, wie der Name in Spanisch andeutet. Interessant wäre sicher, die eine oder andere zu besichtigen. Was heute jedoch in der Umgebung nicht zu finden ist, sind Burgen.

Mit meinem Smartphone versuche ich, mittels Landkarte eine Herberge im Ort zu finden und bin darin ziemlich vertieft, als ich eine bekannte Stimme rufen höre: »Hi!«. An diesen Beiden bin ich, ohne es zu merken, vorbeigelaufen: auf einer Mauer links sitzen Jessica und Debbie. Trotz Regen kommt es mir vor, als würde gerade die Sonne aufgehen.

Sie erzählen, in dem Gebäude hinter ihnen wäre die günstigste Herberge des Ortes, zwar nichts Besonderes - ohne Küche oder Gemeinschaftsräume -, dort hätten sie sich einquartiert. Weiter in der Ortsmitte gäbe es noch weitere, bessere Herbergen. Egal – ich habe jetzt spontan entschieden, mich bei dieser Herberge anzumelden, in der Hoffnung auf die Gelegenheit, die Pilgerinnen nachher wieder zu sehen. Der Wunsch erfüllt sich leider nicht, da sie in einem anderen Gebäude untergekommen sind - es sind drei - und ich ihnen wegen dem immer wieder einsetzenden Regen, bei dem man kaum einen Fuß vor die Tür setzen will, nicht mehr begegne.

Den Koreaner, mit dem ich einige Zeit unterwegs war, treffe ich später noch in der Stadt, wir verabreden uns zum Abendessen. Dabei erzählt er von der Nacht, in der er mit den anderen Pilgern vor dem Feuer geflüchtet ist.

In der folgenden Nacht zieht ein Dauerregen über das Land, der erst im Laufe des Morgens etwas nachlässt.

Das Leben im Kloster

Am Ortsende teilt sich der Weg in zwei Varianten: für die kürzere Etappe nimmt man die Abzweigung rechts und wandert an der asphaltierten Straße entlang, erklärt mir der Koreaner - er will möglichst schnell in Santiago ankommen und gleich weiter nach *Finisterre*, deswegen wählt er diesen Weg. Die Variante linker Hand führt durch grüne Landschaft und ist vermutlich abwechslungsreicher - daher ziehe ich diesen Weg vor. Wir trennen uns am Ortsende von *Triacastela* und vereinbaren ein Wiedertreffen in Santiago.

Zu Beginn hatte ich die Wanderung auf dem Jakobsweg als Herausforderung gesehen, jedoch inzwischen die Einstellung geändert. Im Vordergrund steht nicht der Sport. Man befindet sich auf einem Pfad der Legenden und außergewöhnlichen Erfahrungen, lernt viele Pilger aus aller Welt kennen. Nicht jedoch, wenn man zu schnell unterwegs ist. Deswegen würde ich den Weg nicht mit dem Fahrrad zurücklegen, zu schnell ist man am Ende seiner Reise.

In Gedanken versunken wandere ich über eine Holzbrücke, einen sprudelnden Bach, durch die grüne Landschaft *Galiciens*. Noch in geistigen Höhenflügen schwebend, höre ich ein freundliches »Hola!« - der übliche Gruß unter Pilgern. Ich schaue überrascht, wer sich hinter mir befindet und sehe eine ungewöhnlich gut gelaunte Pilgerin.

Eine nette Gelegenheit für eine Unterhaltung - sie erzählt, sie sei aus Italien und heißt Lara. Wir werden unterbrochen, da in dem Moment ein Hirte entgegenkommt und seine Rinder auf die Weide führt.

Einen Moment später entdecke ich am Rand des Weges einen toten Maulwurf und erzähle, dass ich diese Tiere irgendwie sympathisch finde. Lara entgegnet in Englisch, sie könne Mäuse nicht ausstehen. Vielleicht kennt sie diese Nager aus Italien nicht - Mäuse haben üblicherweise kein schwarzes Fell - daher setze ich an, zu erklären, »Das ist keine Maus, sondern ...« - mir fällt das Wort für Maulwurf im Englischen nicht ein, daher versuche ich zu beschreiben, dass dies keine Maus, sondern ein kleines Tier ist, das sich durch die Erde buddelt. Sie entgegnet, sie würde meine Worte nicht verstehen. Darauf versuche ich, den Maulwurf mit Gesten, mit den Armen rudernd, zu imitieren. Sie entgegnet wieder, dass sie nichts davon verstanden hat. Das wird zu kompliziert und ich gebe die Erklärungsversuche auf.

Ab und zu versuche ich, eine neue Konversation zu beginnen, die jedoch schnell aufgrund der sprachlichen Barriere scheitert. Wir wandern zusammen weiter, trotz allem verstehen wir uns auf andere Art gut und haben das gleiche Tempo. Den Dialog stellen wir um auf Austausch von Gesten und Gedanken.

Nachdem wir einen Bergpass überquert haben, bietet sich eine freie Sicht auf das Tal - ein imposantes Gebäude erhebt sich auf einer Lichtung unterhalb. Lara erzählt, dieses wäre ein berühmtes Kloster – *Monasterio famoso* - und wir stoppen kurz, um Fotos aufzunehmen.

Nach dem Abstieg werden wir vor dem Gebäude von Gänsen begrüßt, die mich an eine Legende erinnern: Rom wurde einst durch die Wachsamkeit von Gänsen gerettet - durch das laute Geschnatter wurden die Verteidiger geweckt und vor angreifenden Galliern gewarnt, die des Nachts versuchten, die Mauern der Stadt zu erklimmen. Wahrscheinlich werden jedoch die Gänse hier nicht zur Verteidigung des Klosters gehalten, sondern dienen mehr dem leiblichen Wohl. Als St. Martins-Gans.

Lara verabschiedet sich, da sie ein Treffen mit anderen Pilgern ausgemacht hat und ich erkunde das Klostergelände, um einige Fotos aufzunehmen. Das mächtige, an Steinschnitzereien reiche Gebäude ist sehr beeindruckend. Als ich am Eingangsportal vorbeiwandere, kommt mir ein Mönch entgegen, der, mit einer schwarzen Kutte bekleidet, mich freundlich begrüßt und mir einen fünfminütigen Vortrag in Spanisch hält. Ich verstehe kein einziges Wort - meine Kenntnisse reichen soweit, um einfache Sätze zu verstehen, wenn jemand langsam vorträgt. In der jetzigen Situation bin ich völlig überfordert. Nachdem er seine Ansprache wiederholt, ich als Antwort jedoch nur mit den Schultern zucke, setzt er seinen Weg mit einem beleidigt wirkendem Gesichtsausdruck fort.

Ich sehe einige Pilger das Klostergebäude betreten und folge ihnen. Innerhalb der alten Mauern befindet sich ein Souvenir-Büro, einige Leute warten davor und ich erkundige mich, ob es etwas Besonderes zu sehen gäbe. Ein Italiener namens Luigi, der über gute Englischkenntnisse verfügt, erklärt begeistert: gleich würde eine Führung stattfinden, die sich auf jeden Fall lohnen würde. Das hört sich interessant an, sodass ich mich gleich anmelde - die Besichtigung würde zwar in Spanisch gehalten, aber jetzt war meine Neugier geweckt. Vermutlich wollte der Mönch mir vorhin von der Klosterführung erzählen und dafür werben.

Die Besuchergruppe wird eingelassen und wir werden durch die ehrwürdigen Hallen des Klosters geführt, von einer Spanierin, die ein sehr verständliches und klares *Kastilisch* - das offizielle Spanisch - spricht, wodurch ich Einiges auch verstehen kann. Ein anderer deutscher Pilger ist ebenso bei der Führung mit dabei. Uwe, der - wie ich - hauptsächlich damit beschäftigt ist, Fotos aufzunehmen.

Die Gründung des Klosters wird in das 6. Jahrhundert, datiert. Zweihundert Jahre später, nach der Vertreibung der Mauren, begann sich Samos – dessen Name aus dem westgotischen Sámanos entstanden ist - zu einem religiösen Zentrum des aufstrebenden Königreiches Asturien und einem der größten Klöster Spaniens zu entwickeln.

Erwähnenswert von den Sehenswürdigkeiten sind unter anderem die barbusigen Nymphen-Statuen, an denen sich die Mönche tagtäglich erfreuen, ganz besonders aber die Wandmalereien. Soweit ich den Vortrag verstehe, sind in den biblischen Szenen auch viele zeitgenössische Personen integriert - einige Profile erwecken tatsächlich den Eindruck, bekannte Persönlichkeiten darzustellen. In einer Zeichnung erkenne ich den spanischen König Juan Carlos sowie den Politiker Zapatero. Zum Schluss, in einer Kapelle, erheben sich zwei Statuen: Helden der Reconquista, Könige von Asturien. Es handelt sich bei den Beiden um eine typisch mittelalterliche Heldendarstellung - mit dem Schwert in der Hand, einem grimmigen Gesicht und dem Fuß auf dem abgetrennten Kopf des besiegten Gegners.

Nach der Führung suche ich am Ortsende nach Wegmarkierungen. Bei einer Pilgerstatue beginnen wieder die gelben Pfeile. Als ich die Wanderung fortsetze, wird das Land wieder von einem Regenschauer durchtränkt. Mittlerweile habe ich mich jedoch an das galicische Wetter gewöhnt, das sonst eher für Irland typisch ist.

Wahrscheinlich haben die alten Kelten sich bevorzugt in Regionen zurückgezogen, in denen es ständig regnet. Plausibel wäre es, da die Kelten der Mythologie nach von einem Waldgott - beziehungsweise dem Gott der Natur - abstammen und diesen verehrt haben. In *Galicien* sind dichte grüne Wälder und mit von Moos überzogene Bäumen zu finden, im Kontrast zu dem Kahlschlag, den die Römer in ihrem Imperium zur Errichtung einer Marineflotte und durch die vielen Bautätigkeiten verursacht haben.

Nach einer grünen Waldlandschaft erreiche ich *Sarria*. Einst lebte hier ein kleiner keltischer Stamm, der von den Römern *Suerri* genannt wurde - und wahrscheinlicher Namensgeber für diesen Ort ist.

Die Pilgergruppe der Italiener - Lara und Luigi hatte ich bisher kennenlernen dürfen - stellen mir nun Paolo und Sandra vor sowie Javi, einen Spanier, als

98

ich sie in der Stadt wiedertreffe. Und ich erfahre von einem Fest, das abends stattfinden würde. Sie verabreden sich vorher zum Abendessen, dem ich mich anschließe. Die Gelegenheit, eine Spezialität auszuprobieren: *Pulpo Gallego* - gekochter Oktopus, gewürzt mit Olivenöl und Paprika. Schmeckt interessant und ungewöhnlich. Das Gericht mit den von Saugnäpfen überzogenen Fangarmen sieht auch sehr seltsam aus. Javi zeigt sich bei einem Blick zum Tisch gegenüber von einer Pilgerin fasziniert und schwärmt vor, er steht auf Frauen, die mit solch einer beachtlichen Oberweite gesegnet sind.

Um 22 Uhr machen wir uns auf den Weg zur Fiesta. Als wir uns bei jungen Spaniern erkundigen, wo das Fest veranstaltet würde, bekommen wir die Information: eine Hexen-Fiesta mit Feuerwerk würde stattfinden. 5 Kilometer außerhalb des Ortes. Um 1 Uhr, nach Mitternacht, würde diese Veranstaltung beginnen. Viel zu weit entfernt - und zu spät für uns.

Bei einem Gang durch die Stadt entdecken wir eine Hochzeitsfeier, der wir uns spontan anschließen, Javi organisiert Bier für alle. Es gäbe bei der Hochzeit zwar auch ein Live-Konzert, erfahren wir, das jedoch erst kurz nach Mitternacht beginnen würde. Um diese Zeit werden die Pilgerherbergen bereits geschlossen sein. Wir begnügen uns daher mit Getränken. Als wir kurz vor der Geisterstunde aufbrechen und zurück zur Herberge laufen, kommen uns zahlreiche spanische Familien entgegen, die zu dem Hochzeitsfest unterwegs sind - viele auch mit Kinderwagen.

*

Die Pilgerunterkunft, in der ich übernachte, ist ein altes Kloster. Morgens läuft eine Pilgerin mit einem umgehängten Handtuch aus den Duschräumen, an meinem Bett vorbei, geht zum übernächsten Stockbett und lässt das Handtuch fallen. Und sucht sich, komplett nackt, ihre Kleidung zusammen. Ich stelle mich noch schlafend, habe die Augen halb geschlossen und harre die Zeit im Pseudo-Schlaf aus, bis sie sich angezogen, den Rucksack gepackt und mit zwei anderen Pilgerinnen den Schlafsaal verlassen hat.

Jetzt wird es für mich Zeit, meine Sachen einzusammeln und aufzubrechen. Beim Packen meines Rucksacks denke ich: wie schön es doch ist, Pilger zu sein. Und das Klosterleben gefällt mir auch.

Das Königreich Asturien

Unter den Nachfolgern Pelayos expandiert das kleine asturische Königreich.

Die Mauren sind gewohnt, Kämpfe mit Reitertruppen auszutragen, in einer offenen Feldschlacht und sehr erfolgreich, wenn sie ihre Übermacht tausender berittener Bogenschützen einsetzen können. Ebenso sind sie technisch gut ausgerüstet, um befestigte Städte zu belagern.

Im Norden finden sie jedoch keine Strategie gegen Rebellen, die sich mit vereinzelten Truppen in den Bergen verstecken und im unwegsamen Gelände aus dem Hinterhalt angreifen. Menschen, die zumeist in Strohhütten hausen, einen harten alltäglichen Kampf um das Überleben führen, sich von der Jagd ernähren und sich in der Region bestens auskennen. Ein Feldzug in dieser Wildnis ist ein aussichtsloses Unterfangen. Bei dem es zudem wenig zu gewinnen gibt. Außerdem sind viele Truppen an einer anderen Front gebunden. Seit Jahren befinden sich die Mauren im Krieg gegen die Franken - das Imperium jenseits der Pyrenäen.

Alfons I, erfolgreicher Heerführer und ein Schwiegersohn Pelayos gewinnt als dessen Nachfolger auf dem Thron große Gebiete hinzu und vertreibt die Mauren aus dem Nordwesten der iberischen Halbinsel - der heutigen Region Galicien. Zur Sicherung der Landesgrenzen werden Menschen in der Nähe des Frontverlaufes aus ihren Siedlungen vertrieben und ihre Felder vernichtet. Wenn gegnerische Truppen versuchen sollten, in das nördliche Reich einzufallen - so ist das Ziel - können sie sich unterwegs nicht mit Nahrung eindecken. König Alfons folgt ein Schlächter auf den Thron: Fruela I, der nach der Legende jeden Konkurrenten liquidiert, der ihm in die Quere kommt. Nach elf Jahren Herrschaft wird er selbst ermordet, danach folgen zwei Jahrzehnte des Friedens mit den maurischen Nachbarn.

Im südlichen Gebiet der Mauren kommt es regelmäßig zu Aufständen gegen die Herrschaft. Im Jahr 792 spitzt sich die Situation auf der Iberischen Halbinsel zu, als der Emir von Córdoba zum heiligen Dschihad gegen die Ungläubigen aufruft. Dieser Ruf wird bis in die fernen arabischen Länder gehört und von weit her kommen tausende Krieger, um für den Kampf um den rechten Glauben zu sterben.

Zwei Jahre darauf wird die Hauptstadt Asturiens von maurischen Truppen eingenommen und zerstört. Bei ihrer Rückkehr von der erfolgreichen Schlacht werden diese Truppen jedoch aus dem Hinterhalt von Fruelas Sohn, König Alfons II, angegriffen - die Mauren erleiden eine Niederlage und ergreifen die Flucht.

Die Lage eskaliert in den folgenden Jahren vollends - Krieg durchzieht das Land, immer wieder kommt es zu Aufständen. Die Heere der Asturier, Franken und Mauren ziehen umher und belagern ihre Städte gegenseitig. Unzählige Siedlungen fallen der Zerstörung zum Opfer. Truppen erobern gegnerische Regionen, in der gleichen Zeit fallen ihre eigenen Gebiete an den Feind. Keine der Kriegsparteien kann die Oberhand gewinnen. Die Mauren haben im Süden zusätzlich mit ständigem Aufruhr in ihren eigenen Städten zu kämpfen.

In dieser Zeit verbreitet sich eine Nachricht: Gebeine eines Apostels wurden gefunden. Im äußersten Westen des Landes hätte ein Bauer des Nachts eine Lichterscheinung im Wald bemerkt, wäre ihr gefolgt und hätte die Gebeine eines heiligen Apostels, eines großen Märtyrers der Christenheit entdeckt. Die Legende des heiligen Jakob war geboren.

Das Königreich Asturien erfährt seine größte Ausdehnung zum Ende des 9. Jahrhunderts unter Alfons III ›dem Großen‹. Dieser herrscht mittlerweile fast über die gesamte nördliche Hälfte der Halbinsel. Im Westen reicht sein Herrschaftsgebiet bis Coimbra – eine Stadt im heutigen Portugal -, im Osten fast bis zu den Pyrenäen. Unter seinen Nachkommen teilt sich das Reich auf. In zwei Königreiche: León und Asturien.

Bettwanzen

26. August, Sarria → Gonzar

Ab *Sarria* beginnt der große Endspurt um die Compostela. Für die begehrte Pilgerurkunde muss man zu Fuß wenigstens 100 Kilometer zurückgelegt haben. In Spanien gilt dieses Zertifikat als unumgänglich, um sich für einen Job zu bewerben - viele, die gar keine Lust auf eine Wanderung verspüren, wählen den kürzesten Weg, um diese Urkunde zu bekommen.

Morgens wälzt sich eine wahre Völkermasse dem Ziel Santiago entgegen - man tritt sich gegenseitig auf die Füße, immer wieder bekommt man einen Ellbogen in die Seite gerammt oder stolpert über Wanderstöcke, die gegen das Schienbein geknallt werden. Neben mir marschiert ein Pilger mit einem typisch mexikanischen Aussehen, der mich anspricht und erzählt, dass er aus den USA käme. Im nächsten Moment muss er anhalten und seine Schuhe neu schnüren. Als er damit fertig ist, erklärt er, dass er heute erst seinen Weg begonnen hätte. Wieder muss er kurz stoppen, seine Schuhbänder neu binden. Nun, erneut zum Wandern bereit, fährt er mit der Erzählung fort, dass er hierhergekommen wäre, um den Weg nach Santiago de Compostela zu gehen. Dann unterbricht er seinen Marsch abermals und murmelt, er verstünde nicht, warum sich seine Schuhbänder ständig lösen. Während er sich dem erneuten Schnüren seiner Schuhe zuwendet, nutze ich die Gelegenheit, mich aus dem Staub zu machen - mit der Entschuldigung, ich hätte es heute eilig.

Nach dem ersten Café - das etwa 5 Kilometer von *Sarria* entfernt liegt und ziemlich überfüllt ist - lichtet sich der Weg deutlich. Zuvor hatte sich das Gefühl aufgedrängt, in einer wabernden Pilgermasse gefangen zu sein. Nun habe ich wieder Bewegungsfreiheit und kann frei atmen.

Den italienischen Pilger Luigi sehe ich näherkommen - er joggt und holt mich ein. Etwas außer Puste und schwitzend keucht er, schnellstens wolle er in Santiago ankommen und gleich weiter zum atlantischen Ozean, so bald wie möglich das Meer sehen. An den Strand von *Finisterre*. Die Geschwindigkeit beibehaltend, verschwindet er außer Sichtweite.

Ich habe es gar nicht eilig und mir kommen fast die Tränen. In melancholischer Stimmung denke ich: noch drei weitere Tage und das größte Abenteuer meines Lebens ist vorbei. Bald werde ich den Stein erreicht haben, die Markierung der letzten 100 Kilometer. Warum können es nicht noch 300, wenigstens 200 Kilometer sein? Nur ein wenig mehr - das wäre im Moment mein größter Wunsch. Ich verpasse die Markierung. Der Kilometerstein scheint etwas versteckt und abseits des Weges zu liegen.

Am Tag zuvor war ich einem jungen Pärchen begegnet - Studenten aus Schottland, die ich wiedersehe und einhole. Sie erzählen mir, dass sie von dieser Urwald-ähnlichen Landschaft verblüfft sind. In ihrer schottischen Heimat sehe es genauso aus. Auf einer Lichtung kommen wir an einem Holzkreuz vorbei. Wie beim *Cruz de Ferro* sind viele persönliche Gegenstände von Pilgern abgelegt. Besonders witzig ist eine über den Querbalken gehängte Stofffigur, die Grinsekatze aus Alice im Wunderland, die mit gebleckten Zähnen auf uns herabschaut.

Es geht stetig abwärts, kaum jemand ist noch unterwegs, aber ich treffe Uwe. Wir gelangen zur Brücke über den Fluss *Miño* - dessen Überquerung auf dem Fußweg am Rand äußerst atemberaubend ist. Mit Tiefblick. Uwe zieht es vor, auf der Mitte der Fahrbahn zu wandern, da ihm von der Aussicht in dieser Höhe übel wurde.

Man hat von hier oben einen Blick auf *Portomarin* - die historische Siedlung befindet sich heute unter der Brücke am Grund des Flusses, da der Ort vor einem halben Jahrhundert der Errichtung des *Belesar*-Stausees geopfert wurde. Am Ufer sind viele Ruinen der ehemaligen Stadt zu erkennen. Nur wenige historische Bauwerke wie die Kirche wurden Stein für Stein abgebaut und weit oberhalb des Flusses wieder errichtet.

Die Abstammung des Namens in lateinischer Sprache, Portumarini, lässt verschiedene Interpretationen zu, wie Seehafen, oder das Tor zum Meer. Ebenso: die Überquerungsstelle eines Gewässers - eine Furt. Heute existieren als Zeugnisse nur noch Überreste einer Brücke aus römischer Zeit. Die erste Erwähnung des Ortes stammt aus dem 8. Jahrhundert. Flussabwärts ist Miño der Grenzfluss, der Spanien von Portugal trennt.

Am Ende der Brücke angekommen, wandere ich umher, um ein paar Fotos von dem Fluss aufzunehmen. Dabei entdecke ich eine niedrige mittelalterliche Brücke, die unterhalb des gigantischen Viadukts ebenso über den Fluss führt - dieser Alternativweg wäre angenehmer gewesen.

Im Jahr 1112 wurde die Brücke von Portomarin durch Urraca - Königin von León und Galicien - zerstört, um Alfons I, König von Aragón und Navarra, an der Überquerung des Flusses mit seinen Truppen zu hindern. Da diese miteinander verheiratet waren, ist davon auszugehen, dass das Paar eine wenig harmonische Ehe geführt hatte.

Zum neuen *Portomarin* führt eine lange Treppe empor. Markierungen weisen sowohl nach rechts als auch nach links. Freie Auswahl – Uwe und ich zweigen nach rechts ab, besorgen in einem Supermarkt Getränke und begeben uns in einen kleinen Park mit Aussicht auf den Fluss. Als Uwe mich bei einer Raucherpause sieht, kritisiert er, ihn erinnere das an eine Szene auf einem Friedhof - dort hätte er eine leere Zigarettenschachtel mit der Aufschrift ›Rauchen tötet‹ gesehen und überlegt, diese Kombination auf einem Foto festzuhalten. Er hat einen ziemlich sarkastischen Humor - denke ich.

Nach der Pause erreiche ich die Stadtmitte. Fahles Sonnenlicht sorgt für eine seltsame Stimmung, während aus den Lautsprechern der Kirche Orgelmusik erschallt und aus allen Richtungen Pilger sich wie in Trance auf das Kirchenportal zubewegen. Die Szenerie wirkt geisterhaft - ich fühle mich in den Film ›die Zeitmaschine‹ nach dem Roman von H. G. Wells versetzt: eine Sirene heult auf, paralysiert bewegen sich versklavte Menschen im Gleichschritt zum Tempel der Morlocks. Kurz werfe ich einen Blick in die Kirche, nehme Fotos auf und verlasse den heiligen Ort wieder, bevor das Portal geschlossen wird und die Messe beginnt.

Einige Kilometer weiter, ein Café am Straßenrand - die passende Gelegenheit, um meine Füße zu entspannen und mich bei einer Cola abzukühlen. Ein Pilger, mit dem ich mich unterhalte, stellt sich als Landsmann heraus, der aus München kommt. Irgendwie gelangt er, als ich aufbrechen will, zum Thema Sonnenschutz - ich solle bei der Sonne besser einen Hut aufsetzen. So ein Schutz sei unheimlich wichtig. Ich wehre ab: ich besitze keinen und hätte so etwas bisher auch nicht benötigt. Daraufhin hält er mir eine Standpauke: ohne Kopfbedeckung dürfe man so eine Wanderung einfach nicht machen, das wäre unverantwortlich und fahrlässig. Bei der nächsten Gelegenheit solle ich mir gleich einen Sombrero kaufen. Darauf reagiere ich abwimmelnd: »ja, ja, werde ich wohl machen« - vielleicht. Warum muss man selbst hier auf diese typisch deutsche Stahlhelm-Mentalität treffen, wo alles seine Ordnung haben muss und jede Sache genauesten Regeln unterworfen wird? Wenn ich bisher ohne eine so entstellende Mütze ausgekommen bin, werde ich den Rest des Weges auch überstehen. Mit einem T-Shirt als alternative Kopfbedeckung.

Nach einiger Zeit aufwärts erreiche ich das Dorf *Gonzar*, das aus nur zwei Gebäuden zu bestehen scheint - einer Tapas-Bar und einer Herberge.

Nicht weit von hier, nahe Palas de Rei, existiert eine mittelalterliche Burg aus dem 14. Jahrhundert, die vollständig erhalten - und damit eine Seltenheit ist. Das

Castillo de Pambre, errichtet von Don Gonzalo. Vielleicht wurde Gonzar nach ihm benannt?

Zum Übernachten erscheint mir der Ort zu klein - was sollte man hier abends schon unternehmen? Dennoch, auf der Terrasse der Tapas-Bar Platz zu nehmen und eine Weile mit einem frisch gezapften Bier in der Sonne zu entspannen, finde ich verlockend. Ebenso wie die hübsche schwarzhaarige Pilgerin, die am Nebentisch sitzt und mit einem Walkman Musik hört - was natürlich eine Unterhaltung verhindert.

Nach einiger Zeit taucht die Pilgerin auf, von deren Figur der Spanier Javi am Vortag so beeindruckt war und tauscht mit ihr den Platz. Mit ihr kann ich mich eine Weile unterhalten und erfahre, sie käme aus Australien. Sie meint entschuldigend, leider könne sie im Moment nur ihre Unterwäsche tragen - da sie alle übrigen Kleidungsstücke gewaschen und auf die Leine gehängt hätte. Was mich nicht im Entferntesten stört. Weiter erzählt sie, dass sie unter Bissen von Bettwanzen leiden würde und zeigt einige rote Flecken an Schulter, Rücken und anderen Stellen - was mich ziemlich beeindruckt. Aber nicht primär wegen der Insektenstiche. Nach einiger Zeit, als sie sich in Richtung Sonne dreht, erklärt sie, ich solle das nicht missverstehen, sie will die Sonne genießen - ich könne mich gerne an ihren Tisch setzen. Die Aufforderung nehme ich gerne an. Nach einiger Zeit tauchen ihre Freundinnen, zwei weitere australische Pilgerinnen, auf und setzen sich dazu.

Die zweite Australierin erzählt, wegen der roten Flecken, mit denen ihre Haut übersät ist, hätte sie einen Arzt aufgesucht. Die Diagnose, die sie von dem Doktor erhalten hätte, wäre kurz und knapp gewesen: »Shit happens«, mit der Ergänzung: beim Pilgern passiere so etwas eben häufig, man würde sich dabei leicht Ungeziefer einfangen – in dem Fall solle man die Wäsche, wenn möglich, bei 95 Grad waschen. Ansonsten könne man aus medizinischer Sicht nichts machen.

Wie weit der Weg zur nächsten Herberge wäre, frage ich die erste Australierin - während ich schon im Hinterkopf denke, es wäre schön, hier zu bleiben, wo diese Pilgerinnen auch sind. Außerdem hatte sich mittlerweile meine Pause deutlich länger hingezogen als geplant. Nach einigen Bieren fällt es mir sichtlich schwer, wieder aufzustehen. Zum Weitermarschieren bin ich wahrscheinlich nicht mehr klar genug im Kopf. Die nächste Unterkunft wäre noch mindestens 10 Kilometer entfernt, erfahre ich - die erste Australierin empfiehlt mir, in diesem Ort bleiben. Den Tipp nehme ich gerne entgegen, melde mich sogleich in der Herberge an und kehre danach zum Tisch der drei Australierinnen zurück.

Bei der Unterhaltung fallen mir Unterschiede des australischen Slangs zum Oxford-Englisch auf. Die englischen Steigerungsformen wie ›very‹, ›quite‹, ›most‹ werden alle durch das Wort ›fucking‹ ersetzt, Wörter für Unbestimmtes, wie ›something‹, werden ersetzt durch ›shit‹. Ob das repräsentativ ist, weiß ich natürlich nicht.

Bald erscheinen die italienischen Pilger und der Spanier bei der Bar. Lara, Sandra, Paolo und Javi schauen etwas verblüfft, als sie mich bei den Australierinnen sehen. Später abends sitzen sie zusammen beim Pilgermenü und als die Australierinnen in der Herberge verschwunden sind, fragen die anderen mich seltsamerweise nicht, ob ich mich zum Pilgermenü zu ihnen setzen will - die Gesellschaft der Australierinnen scheinen sie mir irgendwie übel genommen zu haben.

Zwei Erzengel auf dem Weg nach Santiago

27. August, Gonzar → Melide

Im Morgengrauen beginnt einer der Pilger, noch im Schlaf, mit einem längeren Flatulenz-Konzert, über das sich besonders die Italienerinnen amüsieren. Seine lauten Gasentladungen setzen sich fort bis zum Sonnenaufgang und entwickeln sich zunehmend zum Mittelpunkt des begeisterten Publikums. Plötzlich ertönt ein besonders durchdringendes und lautes Geräusch, das sich ähnlich anhört wie der Trompetenweckruf beim Morgenappell der *US-Army* – so laut, dass sich der Pilger selbst erschreckt und zusammenzuckt. Er hat sich nun selbst geweckt und räkelt sich irritiert, während die zwei italienischen Pilgerinnen sich kaum noch halten können vor Lachen.

Bei der morgendlichen Wanderung von *Gonzar* aus unterhalte ich mich mit einer Tschechin, die akzentfrei deutsch spricht. Unter anderem erzählt sie von einer Pilgerin, mit der sie gewandert war, die einen Hund dabei hatte, jedoch wegen Problemen pausieren musste. Die Geschichte kommt mir bekannt vor, vielleicht Jenny? Sie bejaht, jedoch hätte sie schon lange nichts mehr von ihr gehört. Schade - interessant wären Neuigkeiten, ob Jenny noch irgendwo unterwegs ist oder ob sie die Tour abgebrochen hat. Die Tschechin ist etwas langsam zu Fuß, deswegen wandern wir nur ein kurzes Stück zusammen.

Nach zehn Kilometern erreiche ich das erste Café - ein Frühstück wäre mir gerade recht. Die Australierinnen sitzen dort an einem Tisch. Und an einem zweiten Tisch drei Italienerinnen, die ich am Vortag abends kurz kennenlernen durfte, da sie weitere Bekannte der anderen Italiener sind. Zu wem setze ich mich jetzt? Ein Pilger-Luxusproblem. Das löst sich unkompliziert, da die Australierinnen fast mit ihrem Frühstück fertig sind und die Italienerinnen mir gleichzeitig anbieten, mich zu ihnen zu setzen. Zwei mit Namen Sara und eine Elena, mit denen ich etwas Smalltalk halten kann.

Bei der nächsten Ortschaft bin ich schon gespannt, welche großartigen Sehenswürdigkeiten mich erwarten. Die Stadt trägt den Namen *Palas de Rei* - Königspalast. Hört sich vielversprechend an. Ist aber irreführend - denn was in diesem Ort fehlt und möglicherweise nie existiert hat, ist ein Palast oder ein Schloss. Dafür treffe ich die drei Australierinnen erneut wieder, die gerade auf der Terrasse vor einem Restaurant sitzen. Einen Moment unterhalte mich mit ihnen, bis sie ihre Bestellung serviert bekommen: mit Thunfisch belegte *Bocadillos*. Für eine erneute Pause erscheint mir die Zeit jedoch zu früh, zu sehen gibt es in dem Ort ansonsten wenig und als ich meine Wanderung fortsetze, höre ich noch, wie eine der Australierinnen begeistert ihr Essen lobt: »This is fucking delicious! I like this shit.«

Bei einer nachmittäglichen Pause in einer Bar der nächsten Ortschaft treffe ich den spanischen Pilger wieder, dem ich in *Cacabelos* begegnet bin. Meistens fällt es mir schwer, die Namen all der Pilger im Kopf zu behalten - ich habe ein schlechtes Gedächtnis. Daher frage ich den spanischen Pilger nochmal, wie er heißt. »Rafa!« - er hilft mir mit einer Eselsbrücke aus, die sehr hilfreich ist: »Eine Kurzform des Namens Rafael. Es gibt die beiden Erzengel Raphael und Michael«.

Auf der Wanderung durch *Galicien* stehen seitlich des Weges immer wieder *Hórreros* - landestypische Getreidespeicher, die auf Stelzen stehen, welche mit Steinscheiben am oberen Ende abgedeckt sind. Der Aufbau soll verhindern, dass Insekten oder Mäuse daran hochklettern und über die Nahrungsmittel herfallen. Einige der Speicher sind sehr alt, heute Denkmäler aus dem Mittelalter, manche davon reich verziert mit Kreuzen und anderen religiösen Symbolen.

Am Ende der Etappe durch die sehr grüne Landschaft *Galiciens* erreiche ich *Melide*. Der Name der Stadt ist wahrscheinlich entstanden aus *Milliarium* - lateinisch für Meilenstein.

Die sonst wenig sehenswerte Stadt ist berühmt für die regionale Oktopus-Spezialität: *Pulpo Gallego*. Man findet hier eine große Auswahl an *Pulperias* - Restaurants, die auf die Zubereitung dieser mit Saugnäpfen bewehrten Kopffüßer spezialisiert sind.

Nach der Anmeldung in der Pilgerherberge bekomme ich eher Appetit auf *Tortilla española*. Am Anfang des Ortes befindet sich auch eine Bar, bei der diese aus Kartoffeln, Eiern und Olivenöl gebackene Spezialität besonders vorzüglich schmeckt. Gerade, als ich am Schlemmen bin, taucht der Spanier Javi auf, dem ich empfehle, sich möglichst zügig um einen Platz in der Herberge zu kümmern, da es dort einen großen Andrang von Pilgern gäbe. Er wartet aber noch auf die Italiener - sehr lange, da sie erst viel später eintreffen werden. Es scheint, Italiener haben es nie eilig, häufige Kaffeepausen sind die italienische Lebensart - das *Dolce Vita*. Für einen Nachmittagsschlaf begebe ich mich zurück zur Herberge, während Javi immer noch wartet und mich informiert, dass abends alle zu einem Treffen in einer *Pulperia* verabredet sind.

In der Pilgerherberge frage ich die Australierinnen, ob sie ebenso Interesse am Menü hätten, jedoch wollen diese schon früh zu Bett gehen. Schade. Daraufhin suche ich das Restaurant auf, das Javi mir beschrieben hatte. Dort sitzt eine

Gruppe von mehr als zehn Pilgern um den Tisch - die Italiener Lara, Sandra, Paolo, die zwei Saras, Elena und einige mehr. Auch Portugiesen sind nun dabei.

Zwischendurch haben wir Gelegenheit, die Zubereitung der Spezialität zu beobachten. Der Koch erklärt uns, der ganze Oktopus müsse eine halbe Stunde in Wasser gekocht werden, danach werden die Fangarme mit einer Schere in mundgerechte Stücke zerteilt. Darüber kommt Olivenöl und Paprikagewürz und der *Pulpo Gallego* ist fertig angerichtet, bereit zum Servieren. Hoffentlich träume ich nachts nicht von Fangarmen und Saugnäpfen.

Von meinen Tischnachbarn erfahre ich, Italienisch und Spanisch wären so ähnlich, dass Pilger sich verständigen können, ohne die jeweils andere Sprache zu kennen. Schwieriger wäre Portugiesisch, ebenso romanischen Ursprungs, würde jedoch stärker von den anderen zwei Sprachen abweichen.

Abends bemerke ich, dass ich meinen Bettbezug noch auf der Wäscheleine im Garten der Herberge vergessen habe. Die Eingangstür ist jedoch mittlerweile abgeschlossen, daher wähle ich den Alternativweg durch das Küchenfenster, um meinen Bettbezug von der Leine zu holen – dabei ist es nötig, über einige Pilger zu steigen, die mangels Bett die Nacht draußen verbringen müssen.

Wenn sich in einer Unterkunft viele Italiener aufhalten, ist die Hoffnung auf eine ruhige Nacht aussichtslos - besonders in dieser Herberge, vier Stockwerke, mehr als 150 Betten, die komplett ausgebucht und zu einem Drittel mit Italienern besetzt ist. Bis in die Morgenstunden ist vom Flur pausenlos Palaver zu hören, lautes Gelächter, zwischendurch Gesangseinlagen. Dafür bleibt der befürchtete Traum aus, in dem ich von einem Oktopus verfolgt werde.

Felicitas und Fátima

28. August, Melide → Pedrouzo

Nach einer lauten Nacht in *Melide* und noch nicht ganz ausgeschlafen starte ich auf die nächste Etappe. Der Morgen beginnt trübe, ein leichter Nieselregen senkt sich auf die Landschaft. Ansonsten ist die Wanderung sehr angenehm, führt durch kleine Ortschaften, über Bäche und durch Eukalyptuswälder – eine Baumart, die hier eigentlich nicht heimisch ist und primär zur Holzproduktion angebaut wird.

Die nächste Stadt ist *Arzúa*. Ein Pilger aus der Gruppe vor mir schlägt so laut mit seinen Trecking-Stöcken auf die Pflastersteine, dass es in den Ohren schmerzt. Viel Sehenswertes zeigt sich mir in dem Ort nicht, sodass ich mich nach dem Verzehren eines *Bocadillos* mit Käse - einer Spezialität von *Arzúa* - bald wieder außerhalb befinde und an einem Reisebus vorbeikomme, der eine Gruppe Buspilger aufnimmt. Danach marschiere ich erneut durch Wälder aus Eukalyptusbäumen. Auf einer Anhöhe kommt eine Bar in Sichtweite - Zeit für eine Pause, ich mache es mir mit einem Getränk in der Mittagssonne auf der Terrasse gemütlich. Dort sehe ich fünf jüngere Pilgerinnen, die gerade die Sonne genießen, sich aber bald auf den Weg begeben.

Nach der Pause setze ich meinen Weg durch den schattigen Wald fort. Zwischendurch, in einer kleinen Siedlung, begegne ich einem deutschen Pilger, der erzählt, er wäre hier in der Herberge untergekommen. Ich erkundige mich bei ihm, was es in der Siedlung noch so gäbe, welche Essensmöglichkeiten. Die Unterkunft hätte leider keine Küche, so die Antwort, hier in *Santa Irene* gäbe es ansonsten nichts bis auf eine Kirche. Für die Informationen bedanke ich mich und ziehe weiter – irgendwo muss ich mich heute noch versorgen.

Weit ist es bis zum nächsten Ort nicht mehr, *Pedrouzo* erreiche ich kurze Zeit später. Die Buspilger sind vor mir angekommen und laufen zu einer Bar.

Auf der Suche nach einer Unterkunft begegne ich drei Südamerikanern - derzeit sind sie Studenten der Madrider Universität und nutzen den Urlaub zum Wandern –, die mich fragen, ob ich wüsste, wo sich hier die Herberge befinden würde. Die Frage kann ich ebenso nicht beantworten und schließe mich für die gemeinsame Suche an.

Die Pilgerherberge befindet sich an einer Stelle, an der ich schon mehrmals vorbeigelaufen war und liegt so versteckt im Hintergrund, dass man sie einfach übersehen muss. Mit einer freien Schlafmöglichkeit haben wir keinen Erfolg, obwohl es erst 16 Uhr ist. Wir versuchen es bei der nächsten Herberge. Die ist auch voll belegt, ebenso wie die dritte Möglichkeit.

Wir laufen weiter durch den Ort und begegnen fünf gutgelaunten spanischen Pilgerinnen, die uns eine Pension in der Nähe mit Zwei-Bett- und Vier-Bett-Zimmern empfehlen, in der sie einen Platz gefunden hätten. Wir bedanken uns für den Tipp, während ich noch überlege, ob mir die Spanierinnen nicht zuvor schon irgendwo begegnet sind.

Die Südamerikaner kenne ich zwar kaum, aber wir einigen uns schnell und buchen beim Empfang zwei Doppelzimmer. Die Zimmer haben wir bezogen und nach einer Dusche breche ich nochmal auf, während die anderen sich ein wenig ausruhen und sich einer von ihnen, der etwas korpulent ist, seine Blasen an den Füßen verarzten lässt.

Bei einem Spaziergang durch *Pedrouzo*, nicht ganz unbeabsichtigt, treffe ich zufällig die spanischen Studentinnen beim Abendessen auf einer Terrasse vor einer Bar wieder, werde von ihnen sehr nett begrüßt und in ein Gespräch verwickelt. Alle reden pausenlos, in akzentfreiem Englisch, jedoch abwechselnd und ohne sich gegenseitig ins Wort zu fallen. Vermutlich beherrschen das nur Spanier. Vor allem Spanierinnen. Eine von ihnen, die irgendwie die Wortführerin zu sein scheint, stellt sich mit Namen vor, danach eine nach der anderen - Studentinnen aus Madrid und alle zwischen 22 und 24 Jahren. Für mich ist es schwierig, Namen im Gedächtnis zu behalten, daher erinnere ich mich nur an zwei Namen, Felicitas und Fátima. Die Studentinnen haben auch etwas deutsch gelernt. Um die Kenntnisse meiner Muttersprache zu demonstrieren, singen sie mir einen Schlager in Deutsch vor, den ich zwar nicht kenne - aber ich bin ziemlich beeindruckt. Wie oft passiert es schon, fern der Heimat, dass junge Studentinnen ein Lied in der eigenen Sprache vorsingen? Es gibt kaum etwas Schöneres, als Pilger zu sein.

Die Südamerikaner in der Herberge überrede ich, zum Abendessen mit in die gleiche Bar zu kommen - in der die spanischen Pilgerinnen bei unserem Eintreffen immer noch auf der Terrasse sitzen. In einem Gespräch empfehlen sie uns das Programm für den nächsten Tag: wir müssten auf jeden Fall früh aufstehen und rechtzeitig in Santiago sein. Um 12 Uhr, genau zur Mittagszeit, gäbe es eine Messe in der Kathedrale speziell für Pilger - sie wären auf jeden Fall morgen dort.

Die Spanierinnen verabschieden sich, als uns die bestellten Hamburger serviert werden und sie gehen zurück zur Pension. Als wir später dorthin zurückkehren, stehen sie auf dem Balkon, rufen und winken uns freundlich zu – die Pension ist aufgeteilt auf zwei Gebäude und ihr Zimmer befindet sich auf der anderen Straßenseite.

Vor dem Eingang zur Pension treffen wir auf einen Südafrikaner und seine Freundin, die beim Empfang wegen einer Übernachtungsmöglichkeit fragen. Vermutlich waren sie auf der Suche nach einer Unterkunft schon einige Zeit durch die Stadt geirrt, inzwischen sind jedoch auch hier alle Zimmer belegt. Ernüchtert meint er, sie übernachten eben draußen und schlagen sich in die Büsche. Beim Aufbruch fragt der Südafrikaner noch, ob wir Haschisch hätten. Leider müssen wir ihn enttäuschen.

Als wir zum Nachtportier kommen, erzählt er begeistert, nach uns hätte sich ein Pilger angemeldet, der seit 23 Jahren den Jakobsweg geht. Jedes Jahr, immer im Sommer. Das erscheint mir inzwischen nicht mehr ungewöhnlich. Ich erinnere mich wieder an den Extrempilger, der schon 15.000 Kilometer - aber ohne Pause - pilgert.

Vor der Nachtruhe diskutieren meine neuen Begleiter über die Planung für den folgenden Tag. Der etwas Korpulentere ist sich nicht sicher, ob er am nächsten Tag überhaupt zum Wandern in der Lage sein wird, da er massive Probleme mit den Fußgelenken hat - mindestens bis Mittags müsste er ausschlafen.

Wegen der Ankunft rechtzeitig zur Mittagsmesse, frage ich - man könnte ja dennoch den Versuch unternehmen, früher zu starten. Denn wir würden auch die Spanierinnen wiedersehen. Wenn die anderen dazu in der Lage sind, entgegnet mein Zimmernachbar, aber er müsse sich nach seinen Begleitern richten. Und ich solle deswegen alleine vorausgehen.

Santiago

Im Dunklen taste ich nach meinem Rucksack und beginne zu packen. Mein Bettnachbar wird kurz wach - auf meine Frage, ob er vielleicht jetzt ebenso starten wolle, antwortet er, wie am Abend davor angekündigt: er werde länger schlafen und auf die anderen warten. Bis Mittags würden sie es sowieso nicht bis Santiago schaffen. Vielleicht zur Abendmesse.

Normalerweise genieße ich die Zeit morgens, wenn ich im warmen Bett liegen bleiben und ausschlafen kann. Heute ist das anders - ich will um 12 Uhr bei der Mittagsmesse in der Kathedrale sein und die 5 spanischen Studentinnen wiedersehen.

In der morgendlichen Dämmerung sind zahlreiche Pilger unterwegs, die durch den von dichtem Moos überzogenen Eukalyptuswald schleichen. Geisterhafte Nebelschleier ziehen durch das Unterholz und vermitteln mir den Eindruck, als wäre ich im legendären *Avalon*. Bald ist das Waldende erreicht, ich passiere einen Flughafen, kurz vor dem Ziel führt der Weg stetig aufwärts. Eine Gruppe Nonnen in weißer Tracht wandert vor mir, ebenso alle mit einem Rucksack unterwegs - die ich beim Überholen grüße, wie es unter Pilgern üblich ist. Wie ich erfahre, sind sie aus Argentinien, Peru und anderen südamerikanischen Ländern angereist.

Die Anhöhe von *Monte de Gozo* - der Berg der Freude - liegt in dichtem Nebel. Von hier aus soll bei klarem Wetter schon die Kathedrale von Santiago zu erkennen sein. Weiter als zehn Meter weit kann ich im Moment aber nicht sehen - dafür finde ich ein Denkmal, das Papst Johannes Paul II zu Ehren errichtet wurde, der im Jahr 1982 anlässlich des Jakobusjahres nach Santiago gepilgert war.

Das Ortsschild erscheint mir wie ein Meilenstein des Weges: Santiago! - die Stadt, die aus der Legende des alten Jakobs entstanden ist und den Namen des Heiligen *San Tiago* trägt. Bald habe ich auch den mittelalterlichen Teil der Stadt erreicht und wandere über das alte Kopfsteinpflaster der Fußgängerzone.

Es gibt einen Moment, da trifft es jeden Pilger. Tränen treten mir die Augen. So werde ich von der melancholischen Stimmung ergriffen, als ich das erste Mal die Türme der Kathedrale sehe, die sich über die Dächer der Altstadt erheben. Nach fünf Wochen Wanderung ist es ein sehr emotionaler Moment. Die vielen Erinnerungen des Weges rauschen in Gedanken vorbei, während ich realisiere:

jetzt bin ich wirklich am Ziel angekommen. Aus der Entfernung ist Musik zu hören von einer Flöte, Trommeln und einem Dudelsack – es ist traditionelle *galicische* Musik.

Auf dem Weg durch die Altstadt begegne ich überall Pilgern mit Rucksäcken. Eine Treppe führt abwärts durch einen Torbogen, vorbei an einem Musiker, der einen mit den schrillen Klängen seines Dudelsacks begrüßt. Danach mündet der Weg auf einen riesigen Platz, auf dem viele Pilger warten, dort sitzen und sich ausruhen oder singen, sich gegenseitig Geschichten erzählen, was ihnen auf dem *Camino* widerfahren ist, während die Sonne munter von oben strahlt. Dort in der Mitte setze ich meinen Rucksack ab und betrachte beeindruckt die gewaltige, mit unzählbaren Kunstwerken aus Stein verzierte Fassade der Kathedrale. Überwältigend. Auch wenn ich vorher Fotos des Gebäudes gesehen habe - es ist völlig anders, das gewaltige Bauwerk in seiner ganzen Dimension, in allen Details und mit der goldfarben schimmernden Fassade betrachten zu können. Die schönste Kathedrale, die ich jemals gesehen habe.

Man muss nicht religiös sein, um darüber zu staunen, welche Macht im Glauben verborgen liegt und welche Energien er an Kreativität und Ehrgeiz freizusetzen vermag – der Glaube an die Legende des frühen Mittelalters hatte mit diesem Bauwerk ein einzigartiges Wunderwerk erschaffen.

Bald ist die Mittagsmesse – Zeit, mich zum Gottesdienst zu begeben. Ich trete durch das Hauptportal ein, die Kathedrale ist proppenvoll. Vor Beginn dieser Veranstaltung schaue ich mich unter den Besuchern um. Die fünf spanischen Studentinnen, die wahrscheinlich schon frühzeitig vor der Messe hier waren, sitzen mittendrin und ich winke ihnen kurz zu, auch die Nonnen erkenne ich wieder. Es gibt nur noch Stehplätze im Hintergrund, als die Messe beginnt - so wie ich es mitbekomme, mit der Verlesung einer Statistik aller in Santiago angekommenen Pilger mit deren Herkunft. Nach und nach werden Zahlen genannt, ein Land nach dem anderen wird aufgezählt, spanische Provinzen, einzelne Städte. Eine gefühlte Stunde zieht sich die Aufzählung aller Pilger hin - ich konnte mich längst nicht mehr auf meinen schmerzenden Füßen halten, bin zu Boden gesunken und habe mich an eine Säule gelehnt. Von dieser Messe in Spanisch verstehe ich nur Einzelheiten, zwischendurch wird das Abendmahl gefeiert. Leider wird das pendelnde Weihrauchgefäß nicht eingesetzt, für das diese Kathedrale in aller Welt berühmt ist.

Die Messe endet mit Orgelmusik. Wie Musik hört es sich genaugenommen nicht an - eher so, als ob der Orgelspieler bestrebt ist, möglichst viele Töne auf einmal zu spielen. Und als ob er sich am Ende auf die Orgeltasten gelegt hat, um alle Pfeifen gleichzeitig erklingen zu lassen. Das Orgelspiel, bei dem man eine Melodie nur mit viel Phantasie erahnen kann, ist Geschmackssache. Es ist vor allem laut.

Nach dem Schlussakkord und nachdem sich die Reihen gelichtet haben, reizt es mich, das Innere der Kathedrale zu besichtigen. Der gewaltige Sakralbau besteht aus einem Nord-, einem West- und einem Südflügel, ausgestattet mit langen Reihen von Sitzbänken, die alle auf das Podest in der Mitte ausgerichtet sind.

Im Ostteil befindet sich das Heiligtum, eine Treppe führt hinab zur Krypta und zum silbernen Sarg des Jakobus. Im schmalen Gang, der zum Heiligtum hinabführt, bleibe ich mit meinem Rucksack hängen. Zum Glück kann ich mich selbst wieder befreien. Was sich in dem geschlossenen Silbersarg befindet, bleibt ein Geheimnis. Durch dicke Eisenstangen wird man von dem Versuch abgehalten, einen Blick in dessen Inneres zu werfen.

Eine Treppe gegenüber führt hinauf zur Hauptkapelle, oben steht man hinter der vergoldeten und mit Edelsteinen besetzten Statue des Jakobus. Jeder Pilger umarmt nun den Apostel und äußert einen Wunsch, so ist es Tradition. Von der ich erst später erfahre - historische Kunstwerke wie dieses berühre ich generell nicht, um keine Fingerabdrücke darauf zu hinterlassen. Eigentlich hätte ich in dem Moment auch nicht gewusst, was ich mir wünschen sollte.

Des Apostels Blick richtet sich, von mir abgewandt, nach Westen – zum Ozean, zum Ende der Welt. Nach *Finisterre*. Vielleicht kann er in die Zukunft blicken und weiß, was mich dort erwarten wird.

Auf ebener Erde im Ostteil besichtige ich noch kunstvoll ausgestattete Nischen der Apsis – kleine Ecken, die zum Innehalten dienen und zahlreichen Heiligen gewidmet sind, denen man eine kleine Spende in die Box davor werfen kann. Um ein kleines Licht erleuchten zu lassen.

Viele Touristen besichtigen die Kathedrale, ohne die Pilgerreise unternommen zu haben. Sie verpassen das Wesentliche: nach einer langen Pilgerreise zu Fuß, bei der man viele Menschen aus aller Welt kennengelernt hat - anzukommen. Nach einer erlebnisreichen Zeit hier alle wiederzutreffen.

Ich muss noch einen Platz in der Herberge reservieren. Der Koreaner hatte in einer Nachricht zwei Unterkünfte genannt: das *Seminario Major* und das *Seminario Menor*. Weil das erste ein Hotel mit Einzelzimmern ist, entscheide ich mich für die zweite Variante, eine Herberge. Um dorthin zu kommen, muss ich den Weg, den ich gekommen bin, zurücklaufen und finde die Herberge etwas außerhalb der Altstadt. Ein riesiges Bauwerk aus Sandstein. Wie viele Pilger dort Platz finden, weiß ich nicht - jedenfalls bekomme ich ein Bett mit einer vierstelligen Nummer zugewiesen - das *Seminario Menor* ist ein Gebäude mit vier Stockwerken, jedes unterteilt in vier weitläufige Korridore um einen Innenhof. Die Schlafsäle befinden sich im ersten bis zum vierten Stock - zum letzten Schlafsaal muss man alle anderen durchlaufen. Oder einfacher erklärt, vom Haupteingang bis zu meinem Bett benötige ich circa 10 Minuten.

Die Sonne hat ihren Zenit überschritten, als ich vor der Kathedrale die eintreffenden Pilger beobachte und hoffe, irgendjemanden von denen wiederzusehen, die ich die letzten Tage kennengelernt habe. Einige Zeit genieße ich die Wärme auf dem Platz, an dem im Minutentakt Pilger auftauchen und sich freudig begrüßen. Kein mir bekanntes Gesicht erscheint und daher beschließe ich, den Rest des Nachmittags durch die Stadt zu wandern.

Der weitere Abend beginnt enttäuschend. Ich treffe keinen Einzigen wieder, den ich wirklich kenne - nur den Südafrikaner, der uns am Abend zuvor nach Haschisch gefragt hatte. Zu einem Pilgermenü schließe ich mich seiner Gruppe an. Im Restaurant beginnt unter ihnen eine Diskussion: eine Frau bemängelt, dass der angebotene Fisch alt aussähe und dass die Zeit zu knapp würde, um noch zur Pilger-Abendmesse zu gehen. Das Abendessen wird unversehens abgebrochen, stattdessen gehen wir zu einer 21-Uhr-Messe für Pilger in eine Seitenkapelle der Kathedrale.

Die Veranstaltung beginnt mit Singen. Als Nächstes fordert der Priester zum Mitmachen auf: wer Bedürfnis zum Reden hätte, solle nach vorne gehen und etwas erzählen. Nach und nach folgen drei Leute der Aufforderung, tragen zwei bis drei Sätze vor und setzen sich wieder. Einige Minuten des Wartens, keiner meldet sich. »Noch jemand?«, fragt der Priester. Einen Moment herrscht Stille, bis sich jemand nach vorne wagt und mit einer Rede in Spanisch beginnt. Scheinbar hat dieser Pilger nun seine anfänglichen Hemmungen überwunden, genießt jetzt, vor Publikum zu stehen und trägt mit ausschweifenden Gesten vor, viele Worte stark betonend, er redet und redet und ist nicht mehr in der Lage, zum Ende zu kommen. Verstehen kann ich nichts von dem Vortrag. Nach und nach verzieht sich dezent ein Zuhörer nach dem anderen, bald haben sich auch alle meine Begleiter dünne gemacht.

Nach einer Stunde, als sich die Reihen mich herum vollständig gelichtet haben, reicht es auch mir und ich versuche, mich unauffällig aus der Kapelle zu verdrücken. Die Kathedrale ist zu dieser Zeit schon geschlossen, deswegen werde ich vom Sicherheitspersonal zu einem Nebenausgang geschickt und gelange draußen zu einer Steintreppe. Zahlreiche Leute sitzen darauf und sehen einem Künstler zu, der Zauberkunststücke für Kinder aufführt. Ich lasse mich hier ebenso nieder – froh über etwas Entertainment vor dem Rückweg und bevor der Abend zu Ende geht. Vier Wochen ein grandioses Abenteuer - jetzt in Santiago so ein trauriger Abend. Damit werde ich mich wohl abfinden müssen, dass dies für heute alles war.

Ich beginne schon, mich selbst zu bemitleiden, als Felicitas, Fátima und die anderen spanischen Studentinnen die Treppe herunterkommen, mich sehen, und fragen, ob ich schon etwas vorhätte. Sie wären gerade auf dem Weg zu einer Bar, in der Mittwochs ein besonderer Tag wäre, ob ich mitkommen würde. Der Abend ist gerettet, nachdem er so enttäuschend begonnen hatte. Wieder gut gelaunt, schließe ich mich an, folge ihnen durch die Stadt und wir gelangen am Ende der Gasse zu einer Bar - dort kostet mittwochs alles nur einen Euro. Jedes Essen und jedes Getränk.

Um einen Tisch herum sitzt in ausgelassener Stimmung ein dutzend Pilger, ausschließlich Italiener und Spanier. Mit den spanischen Studentinnen setze ich mich dazu - einer der Italiener äußert sich beeindruckt: ich müsse ja sehr potent sein, wenn ich so viele junge Frauen mitbringe. Bei ausgelassener Stimmung erkundigen sich meine Begleiterinnen nach meinen Wünschen - aus der Karte suche ich aus: ein Bier und Pommes mit drei Soßen, was sie auf einem Zettel notieren, und ergänzen eine Anzahl weiterer Bestellungen an Essen und Getränken. Eine der fünf Pilgerinnen wird abkommandiert, um an der Essensausgabe zu warten - was sich einige Zeit hinzieht. Nach und nach reicht sie uns Bierkrüge, Salat, belegte Brote und meine Pommes Frites. Von den vielen Gerichten bleibt das meiste unberührt, nur ab und zu probiert jemand etwas davon. Nach einiger Zeit gehe ich an die Theke, um noch ein Bier zu bestellen. Die Bedienung erklärt mir, 1 Euro wäre der Preis in Kombination mit einem Essen, sonst würde das Bier 2 Euro kosten. Jetzt wird mir klar, warum unnötig viele Gerichte bestellt wurden.

In der Bar ist bald Feierabend, ein Aufruf zum Gruppenfoto. Für mich wird auch eines aufgenommen - leider ohne Blitz, wegen des fast leeren Akkus meines Smartphones. Schade. Gerne hätte ich noch ein paar gute Fotos, um damit anzugeben. Die spanischen Studentinnen schlagen vor, noch in eine Disco zu gehen, mit Bedauern trete ich aber den Rückzug an und entschuldige mich, da meine Herberge schon um 24 Uhr schließt. Als ich auf die Uhr schaue, bekomme ich einen Schreck: es ist kurz vor Mitternacht. Zudem habe ich keine Ahnung, wo ich mich gerade in dem Altstadtdschungel der Stadt befinde – und weiterhin liegt die Unterkunft, das *Seminario Menor*, außerhalb der Altstadt.

Hastig verabschiede ich mich, erkundige mich nach dem Weg, laufe in eine Richtung, erkundige mich nochmal, laufe in die umgekehrte Richtung. Als eine Kirchenglocke zu Mitternacht schlägt, kommt mir meine Umgebung wieder bekannt vor. Und fünf Minuten, nachdem der letzte Schlag der Turmuhr verklungen ist, stehe ich vor dem Portal der Herberge. Völlig außer Atem aber erleichtert stelle ich fest, die Eingangstür lässt sich noch öffnen. Gerade noch rechtzeitig vor Torschluss. Einige Zeit brauche ich noch, um mich in dem halbdunklen Korridor zu orientieren, bis ich mein Bett gefunden habe.

*

Morgens höre ich vor Sonnenaufgang einen Pilger immer wieder durch den Schlafraum wandern und flennen: »Wie, verflucht nochmal, komme ich hier wieder heraus?«

Es ist kompliziert - besonders im Dunkeln. Und es gibt nur einen Weg, keine Abkürzungen. Ich habe ein Bett im 3. Schlafsaal im oberen Stockwerk. Da der Pilger an mir vorbeigelaufen ist, hat er vermutlich einen Platz im 4. Schlafsaal. Das bedeutet, dass er den Weg durch 3 Schlafsäle mit jeweils 50 Betten und über 3 Flure finden muss, dabei viermal an der richtigen Stelle links abbiegen, durch 9 Türen gehen und danach die Küche durchqueren muss – welcher sich sodann der Aufenthaltsraum anschließt - bis die Treppe zum unteren Stockwerk erreicht ist. Bei der Beschreibung bin ich unsicher, ob diese vollständig und ganz korrekt ist. Eventuell könnte man auch die Wegbeschreibung durch die Bibliothek aus dem Buch ›Der Name der Rose‹ von *Umberto Eco* zu Hilfe nehmen. Die scheint ähnlich aufgebaut zu sein.

Duschen kann man in dieser Herberge, abermals, nur mit heißem Wasser - das schätzungsweise eine Temperatur von 80 Grad hat.

Das große Wiedertreffen

30. August, Santiago

Vor der Herberge befindet sich ein Park, von der man eine grandiose Aussicht genießen kann - auf das Panorama der Altstadt von Santiago. Die Kathedrale in der Mitte überragt alle anderen Gebäude. Bei Sonnenaufgang nehme ich mit meinem Smartphone über ein dutzend Fotos aus mehreren Perspektiven auf.

Ich begebe mich wieder zum sonnigen Platz vor der Kathedrale und wünsche mir, einsam dort sitzend, es möge doch noch jemand von meinen vielen Pilgerbekanntschaften auftauchen. Nach einiger Zeit habe ich Glück und die Italiener Lara, Sandra, Paolo sowie der Spanier Javi erscheinen in bester Stimmung - wir begrüßen uns überschwänglich, während die Sonne uns aus wolkenfreiem Himmel anstrahlt. Die Italiener haben einen wenig ambitionierten Wanderstil - und für den Schluss einen Tag mehr benötigt. Einen Vormittag ohne zwei bis drei Kaffeepausen würden sie gar nicht überstehen. Obligatorisch sind mindestens zwei Restaurant-Besuche an einem Tag.

Auch Uwe, der deutsche Pilger, kommt an und mokiert sich darüber, dass am Ende des Weges alles zu viel gewesen wäre: Fiesta, Saufen und Party überall. Er wäre gar nicht mehr zur Ruhe und zur Kontemplation gekommen, dazu, sich zu besinnen, zu meditieren. Meine Erzählungen aus den letzten Tagen kommentiert er kurz: »Jeder erlebt eben seinen eigenen Camino« und schießt mit seiner professionellen Spiegelreflexkamera - einer Ausrüstung, die mir zum Pilgern zu schwer und überflüssig erscheint - einige Fotos von der Kathedrale.

Ich treffe auch auf Rafa, der meinem Namensgedächtnis mit seiner Eselsbrücke - den Erzengeln Raphael und Michael - ausgeholfen hatte.

Der Koreaner sendet derweil eine Nachricht von *Finisterre*, er würde am übernächsten Tag wieder nach Santiago zurückkehren.

Mit den Italienern besuche ich die Mittagsmesse und schaue mich zum Schluss schnell um - während der Messe hatte ich in einer Reihe Jessica und Debbie entdeckt. Nun sehe ich Beide aus dem Westportal entschwinden, gerade in Eile und unterwegs zu einem Treffen mit andern Pilgern. Kurz kann ich sie noch abfangen und Email-Adressen austauschen. Das ist leider das letzte Mal, dass ich sie sehe. Schade. Jetzt muss ich schleunigst zurück, die anderen suchen, und sehe sie gerade beim Aufbruch zum Pilgerbüro.

Da ich meine *Compostela* noch nicht besorgt habe - die Urkunde, mit der die erfolgreiche Pilgerschaft zertifiziert wird - schließe ich mich ihnen an. Im Pilgerbüro bekomme ich ein Formular ausgehändigt, auf dem ich die Motive meiner Pilgerreise ankreuzen muss: Religiös, kulturell oder sportliche Betätigung. Kultur - das passt für meine Motivation. Eigentlich entspricht Sport nicht ganz meiner Einstellung, aber Wandern ist auch eine körperliche Betätigung. Daher mache ich mein Kreuz bei diesen zwei Punkten. Nachdem ich den Zettel zurückgegeben habe, erklärt die Sachbearbeiterin mit Bedauern, sie könne mir keine *Compostela* ausstellen, da ich keine religiösen Gründe angegeben habe. Als ich etwas verdutzt reagiere und denke, ich hätte Religion doch lieber ankreuzen sollen, erwähnt sie, es gibt ebenso eine formelle Urkunde - die eben nicht religiös ist. Für mich ist beides recht. Die Erinnerungen an den Jakobsweg sind sowieso viel mehr wert als die Urkunde.

Danach treffen wir uns zum Essen in einem der Fischrestaurants und gehen durch die Altstadtgassen, die von Touristen nahezu überschwemmt werden. Vor einem Museum entdecke ich Felicitas, Fátima und die anderen Spanierinnen und mache sie mit den Italienern bekannt. Zugegeben - ich bin etwas erleichtert, da ich vorher damit angegeben hatte, dass ich den Abend zuvor mit fünf jungen spanischen Studentinnen in Santiago unterwegs gewesen wäre.

Nachmittags besuchen wir Bekannte der Italiener, die uns in ihr Hotel einladen, des wahrscheinlich luxuriöseste von Santiago, das sich direkt am Platz vor der Kathedrale befindet. Nach einer Besichtigung des Hotels und einem Stadtrundgang beschließen wir den Abend mit dem Besuch eines Fischrestaurants.

Hochzeit

31. August, Santiago

Große Ereignisse werfen ihre Schatten voraus. Überall in der Innenstadt werden Absperrungen errichtet und auf dem Platz vor der Kathedrale eine Bühne aufgebaut, Fahnen wehen im Wind mit der Aufschrift: ›la vuelta '12‹.

Ein Radrennen, erfahre ich - eine Art *Tour de France* in Spanien. In einer Nebentrasse sind Promotion-Wagen abgestellt, die unter anderem Werbung für Schweizer Uhren und Handys tragen. Oberhalb der Kathedrale warten lange Reihen von Polizeiautos sowie dutzende Motorräder der Gendarmerie. Mittags herrscht auf dem Platz vor der Kathedrale und auf der Treppe vor dem Hauptportal dichtes Gedränge. Ein Knall, und das Radrennen beginnt. Die Radler steigen in die Pedale und entschwinden mit hohem Tempo, es folgen Wagenkolonnen mit Ausrüstung - und schon habe ich meine Begleiter aus den Augen verloren. Oder sie haben mich im Getümmel verloren.

Vor der Kathedrale entdecke ich sie wieder. Vormittags hatten sie mich informiert, Luigi würde mit dem Bus von *Finisterre* zurückkommen und in Kürze erscheinen – einen Moment später schwärmt er uns von den Tagen am Ozean vor, dem perfekten Sandstrand und einer endlosen Party bei Sonnenuntergang. Als sie Luigi zu ihrer Herberge geleiten, folge ich, denn mich interessiert, wie sie untergekommen sind. Dort ist es viel komfortabler, fällt mir auf. Und dank Key-Code-Zugang steht keiner nach Mitternacht vor verschlossenen Türen. Wenn sich am nächsten Tag dort Platz findet, werde ich die Herberge wechseln.

Unterwegs hatte ein Gerücht die Runde gemacht: ein Paar wäre auf dem Weg nach Santiago, um sich dort das Ja-Wort zu geben. Möglich, dass sogar mehrere Paare aufgebrochen sind, um am Ende des Weges zu heiraten, aber ich bin keinem bisher begegnet. Die Italiener erzählen, sie hätten zwei Pilger kennengelernt, die in Nordfrankreich gestartet, drei Monate unterwegs gewesen wären und heute Abend in der Kathedrale heiraten würden. Eine grandiose Idee, den Bund der Ehe hier einzugehen und ich freue mich für die Italiener, die alle eingeladen sind. Da ich das Hochzeitspaar nicht kenne, vereinbaren wir ein Treffen - nach der Heiratszeremonie - vor dem Nebenportal der Kathedrale.

Die Hochzeit scheint noch anzudauern, denn zur vereinbarten Uhrzeit lässt sich niemand blicken - ich verfolge noch den Abendgottesdienst in der

Kathedrale. Kurze Zeit, nachdem die Predigt begonnen hat, erschallt durch das Nordportal ein lautes Quäken und Trommeln, das den Prediger so übertönt, dass man keines seiner Worte verstehen kann. Zugegebenermaßen - ich hatte schon vorher kaum etwas von seiner in Spanisch gehaltenen Rede verstanden. Jetzt geht es wohl allen anderen in der Kathedrale genauso. Vielleicht auch dem Prediger selbst. Die Hochzeit ist abgeschlossen - denke ich mir - und begebe mich nach draußen. Dort hält eine traditionelle *galicische* Band mit einem Dudelsackspieler und zwei Trommlern ein Ständchen für das frisch verheiratete Paar. Vor allem laut. So wie es sich in Spanien gehört.

Die Italiener stellen mir noch eine Pilgerin vor, Rosa, eine Spanierin, und fragen, ob wir uns schon kennengelernt haben? - Nein. Ich treffe sie hier zum ersten Mal. Im Anschluss begeben wir uns alle zum Abendessen. Als das Menü serviert ist und alle schon am Schlemmen sind, suche ich vergeblich nach einer Gabel. Hat der Kellner diese vergessen? Mir ist aufgefallen, Luigi, der auf der gegenüberliegenden Seite sitzt, jongliert die ganze Zeit nervös mit einer Gabel, wirft sie wiederholt in die Luft und fängt sie wieder auf. Er selbst hatte jedoch kein Essen bestellt. Jeder scheint das Besteck reihum versetzt aufgenommen zu haben und am anderen Ende ist die fehlende Gabel liegengeblieben.

Nach dem Essen und bei der Wanderung durch die Vollmondnacht erzählt Rosa, dies wäre ein seltenes Ereignis: dass in diesem Monat der Vollmond ein zweites Mal scheint. Also heute Abend und an dem Tag, an dem ich aufgebrochen bin. Vielleicht stand meine Tour unter einem guten Stern? Ich versuche im Kopf zu berechnen, wie oft dieses ungewöhnliche Ereignis stattfinden würde und komme nur zu dem Schluss: sicher häufiger als das Abenteuer, das ich auf diesem Weg erleben durfte. Auf die Frage der Italiener, was ich die nächsten Tage vorhabe, erzähle ich von meinem Vorhaben, weiter nach *Finisterre* zu wandern. Lara kann sich kaum halten vor Lachen und meint, Paolo und ich könnten ja übermorgen gemeinsam wandern. Ich bin ebenso schockiert wie Paolo - bisher wussten wir nicht so recht, was wir voneinander halten sollten, jegliche Versuche der Kommunikation zwischen uns in Englisch sind grandios gescheitert. Auch hatte ich den Eindruck, er ist der Ernsthafteste unter den Italienern und würde keinen Humor verstehen.

Spät abends kommt die Zeit, in der ich mich absetzen muss, um vor Torschluss in der Herberge anzukommen, während die anderen noch feiern gehen. Lara, Sandra und Luigi erklären, sie würden am nächsten Tag abreisen. Das enttäuscht mich zunehmend - fast alle Pilger, mit denen ich etwas unternehmen könnte, werde ich am nächsten Tag nicht wiedersehen. Etwas traurig, aber eilig verabschiede ich mich – denn wieder ist Beeilung angesagt, um rechtzeitig vor Mitternacht die Herberge zu erreichen.

Chicas, Cerveza und Kultur

1. September, Santiago

Am nächsten Morgen packe ich meinen Rucksack und mache mich auf den Weg in die Herberge der Italiener, treffe sie dort gleich am Empfang und bekomme ein Bett im gleichen Zimmer. Die Übernachtung kostet nur geringfügig mehr als im *Seminario Menor*, hat aber einige wesentliche Vorteile: kleine gemütliche Schlafräume für vier bis sechs Personen, Duschen mit Wärmeregulierung, freies WLAN-Internet. Vor allem: man kann nachts jederzeit die Tür mittels Key-Code öffnen. Es ist Samstag. Die Fiesta wartet.

Mittags besuche ich mit Paolo und Javi noch ein Museum zur Geschichte des Pilgerns. Kultur. Als Grund für die Pilgerreise hatte ich auf dem Antrag der Pilgerurkunde angegeben: kulturelle und sportliche Betätigung. Und nicht *Chicas & Cerveza*. Außerdem ist der Eintritt in diesem Museum frei.

Meinen Mitpilgern erzähle ich von dem koreanischen Priester, den ich auf der Wanderung kennengelernt habe und dass er über gute Kenntnisse in Italienisch verfügt, da er seit über 3 Jahren in Italien wohnt. Er hatte mir eine Mitteilung geschickt, dass er heute Nachmittag mit dem Bus zurück von *Finisterre* kommen würde - unerwartet früh begegne ich ihm beim Eingang der Kathedrale. Ich mache ihn und die Italiener miteinander bekannt - die sehr überrascht sind, dass sie sich fließend in Italienisch mit einem Koreaner unterhalten können.

Abends probieren wir ein Restaurant mit Fischspezialitäten aus, bestellen zu fünft eine große Platte mit Krabben, Muscheln und vielen, mir unbekannten Meeresbewohnern. Rosa unterzieht den koreanischen Priester einer intensiven Befragung in Spanisch, bei der ich leider kaum ein Wort verstehe - vermutlich geht es um religiöse Themen und die Frage, wie man vom Buddhismus zum Christentum konvertieren könne. Bald entschuldigt sich der Koreaner und erklärt, er müsse bei seiner Unterkunft, dem Hotel *Seminario Mayor*, nachfragen, ob und zu welcher Zeit sie schließen würden - er könnte sonst später vor verschlossenen Türen stehen. Und er verschwindet.

Nach einiger Zeit wird das Fischgericht für alle serviert, doch der koreanische Pilger bleibt verschollen. Nach einer halben Stunde sind wir mit dem Essen fertig - bis auf einen fünften Teil, den wir übrig gelassen haben. Mir kommt der Gedanke: Rosa hatte ihn mit dem Verhör überfordert, unangenehme Fragen gestellt, deswegen hat er sich aus dem Staub gemacht. Nach langer

Zeit, als wir schon befürchten, er würde nicht mehr zurückkommen, taucht er endlich auf, schlingt seinen Teil der Fischplatte hinunter und erklärt, sein Hotel habe die ganze Nacht durchgehend geöffnet.

Auf seiner Kamera zeigt er mir ein Video, das er am ersten Tag bei der Messe in der Kathedrale aufgenommen hatte: die *Botafumeiro!* - das pendelnde Weihrauchgefäß in Aktion. Das Spektakel habe ich verpasst. Schade.

Der Weihrauch wurde im Mittelalter hauptsächlich eingesetzt, um den Körpergeruch von Pilgern zu überdecken, da sie über einige Wochen auf der Wanderung oft keine Möglichkeit hatten, sich zu waschen.Vielleicht hätte ich die letzten Tage vor der Ankunft in Santiago nicht duschen sollen.

Paolo erzählt mir von einer Bar, in der sie die Nacht zuvor gewesen wären. Wir begeben uns dorthin, trinken Bier aus gläsernen Gießkannen und feiern ausgiebig. An diesen Abend für mich ohne Torschlusspanik – gut, dass ich in die andere Herberge umgezogen bin.

Der legendäre Jakobus

Der Apostel wurde im Jahr 44 in Jerusalem enthauptet. Meistens bedeutet so ein Schicksal das unwiderrufliche Ende der Karriere. Jedoch bei Jakobus dem Älteren ist es umgekehrt: seine größten Erfolge hat er posthum, denn um das Jahr 600, so wird berichtet, reiste er einige Jahre im westlichen Europa umher, um das Evangelium zu predigen.

Später, vermutlich um das Jahr 830, vernimmt der Eremit Pelayo eine Lichterscheinung am Himmel, folgt ihr tief in den dichten Wald und entdeckt auf einer Lichtung die Gebeine des Apostels. Wie sie dorthin gelangt sein sollen, wird in dieser Legende erklärt: aus Palästina wurden die heiligen Knochen mit einem Schiff auf die iberische Halbinsel überführt und erreichten nach einer langen Reise diesen Ort, an dem man - ihm zu Ehren - nun eine Kapelle errichtet. Compostela, das Sternenfeld, wird der Ort später genannt.

Karl der Große soll der erste Pilger sein, der sich zu dem Grab des heiligen Jakobus begab - posthum, da dieses nach geschichtlichen Informationen erst nach seinem Ableben entdeckt wird.

Im Jahr 844, in der legendären Schlacht von Clavijo in der Nähe der heutigen Stadt Logroño: ein heftiges Gefecht tobt zwischen Christen und Mauren, als aus dem Nebel ein weißer Ritter auf einem Schimmel erscheint und das Schlachtenglück zugunsten der christlichen Kämpfer wendet. Wie Gandalf im Buch ›Herr der Ringe‹ steht der Apostel Jakobus denjenigen Menschen bei, die an seinen Herrn glauben.

Es könnte die Frage aufkommen, warum die Gebeine des Apostels so einen weiten Weg reisen mussten. Verwirrend ebenso, dass im Jahr der Entdeckung der erste Pilger, Karl der Große, nicht mehr am Leben war. Ungewöhnlich zudem, dass Jakobus regelmäßig erschien, um zu predigen oder in Schlachten einzugreifen, während seine Gebeine per Seefracht unterwegs waren - häufig wurden Geschichten im frühen Mittelalter nur mündlich überliefert und haben sich im Laufe der Zeit verändert. Erzählungen aus der Vergangenheit konnten chronologisch nicht korrekt eingeordnet werden, vieles wurde vermischt.

Auf dem Weg nach Santiago begegnen einem diese Legenden aus den Zeiten vor der ersten Jahrtausendwende. Die trotz heutiger Zweifel an ihrem Wahrheitsgehalt entscheidend für die weitere geschichtliche Entwicklung waren. Ein Grund, warum der Jakobsweg die letzten Jahrzehnte so eine Renaissance erlebt, ist sicherlich, dass man die rationale moderne Gegenwart eine Weile hinter sich lassen und in die Legenden der Vergangenheit eintauchen kann.

Bella Martha

2. September, Santiago → Negreira

Mit Paolo geht es nun weiter. Nach *Finisterre*. Ich war zwar noch unsicher, was uns erwartet und wie ich mit meinem seriös wirkenden italienischen Begleiter trotz der Verständigungsprobleme auskommen werde. So richtig kennengelernt haben wir uns bisher nicht. Vielleicht eine gute Gelegenheit für mich, besser Spanisch zu lernen und für ihn, Englisch zu üben.

Drei Tage Fiesta in Santiago, Kathedrale, Kultur, bei der ich viele Mitpilger wiedergetroffen habe, allerorts Live-Musik und Veranstaltungen. Grandios! Nach dem zweiten Tag jedoch habe ich etwas vermisst - meinen Rucksack auf dem Rücken, die Schmerzen in den Fußgelenken, die Wanderung in den sich langsam auflösenden Socken und den inzwischen reichlich verschlissenen Schuhen. Und den *Camino*. Es ist ein wahrer Genuss, jetzt wieder auf dem Weg zu sein.

Möglicherweise haben meine 12-Euro-Schuhe vom Discounter durch den Jakobsweg eine enorme Wertsteigerung erfahren. Kann ich sie vielleicht für viel Geld im Internet versteigern? Ich könnte mir die abgewetzten Schuhe auch als Reliquie in einer Kirche vorstellen.

Bester Laune und topfit wandern wir zu Zweit und begegnen einem älteren Paar aus Norddeutschland - die Beiden hatten wir einige Tage zuvor in *Sarria* kennengelernt. Nach einer Pause zur Frühstückszeit begegnen wir dem nächsten Pilger und Paolo unterhält sich mit ihm in Spanisch. Eine Phrase kann ich trotz meiner geringen Sprachkenntnisse verstehen – wie der vermutliche Spanier begründet, warum er sich für die Wanderung an die Küste entschieden hat:»todo el tiempo del mundo« - alle Zeit der Welt. Hört sich gut an, das könnte ich bei einer passenden Gelegenheit zitieren, vielleicht, um einen ungeduldigen Arbeitgeber, der zur Eile mahnt, zu besänftigen.

Später holen wir eine ältere deutsche Pilgerin ein. Wir nehmen Platz für eine kurze Rast in einem Restaurant, das sich kurz vor der Brücke über den Fluss *Tambre* befindet. Etwas verwundert bin ich beim Lesen der Karte, dass als Pilgermenü für 10 Euro nur ein Salatteller und dazu ein Glas Wein angeboten wird. Keine Vorspeise, kein Hauptgericht, keine Nachspeise. Unglaublich für Nordspanien, wo sonst alles so preisgünstig ist.

Die Deutsche, die sich dazu gesetzt hatte, bestellt dieses Pilgermenü. Ein Gericht, das nur aus ein paar Salatblättern, gegrilltem *Sepia* - das sind kleine

Tintenfische – und Dosen-Thunfisch besteht. Auf Thunfisch hat sie jedoch eine Allergie und bittet den Kellner, den Dosenfisch und ebenso alle Rückstände davon zu entfernen. Er nimmt den Teller mit, kommt nach wenigen Minuten mit diesem zurück und es befindet sich so gut wie nichts mehr darauf. Der Italiener drängt in dem Moment zum Aufbruch - wir verabschieden uns hastig aber höflich und marschieren weiter.

An einem Baum verkündet ein Plakat: »*Feira do Románico!*« - eine Zeichnung und das Datum informieren uns: heute findet eine *Fiesta* statt. Wir kommen genau richtig. Ein *galicisches*, oder dem Namen nach ein römisches Fest in *Negreira* - in der Antike existierte diese Siedlung schon unter dem lateinischen Namen *Nicraria*.

Nachdem wir uns bei der Herberge im Ort angemeldet haben und beim Fest eintreffen, scheinen die Veranstaltungen größtenteils schon vorbei zu sein. Uns kommen Ritter und Bogenschützen entgegen sowie eine Musiker-Gruppe in mittelalterlicher Tracht mit typisch keltischen Instrumenten.

Wir entdecken noch etwas besonders Interessantes: einen Stand mit dressierten Greifvögeln. Auch ein Rabe und eine Eule sind dabei - möglicherweise die Art Eule, der ich unterwegs in der Wildnis auf dem *Camino* begegnet bin. Das Areal des Festgeländes wird umrahmt von einer Mauer mit Burgzinnen, davor sind Zelte aufstellt. Und alles wurde mit Turnierfahnen und verstreutem Heu so gestaltet, dass das Mittelalter wieder zum Leben erwacht ist.

Zwei Strohballen dienen uns als Sitzplatz, wir machen es uns bei einem Bier gemütlich. Irgendwann kommen wir auf das Thema Führerscheinfotos. Darauf ist Paolo mit langen Haaren zu sehen, was er kommentiert mit »Heavy Metal!«, was mich ziemlich erstaunt. So extrem seriös, wie ich ihn bisher mit seinem Stoppel-Haarschnitt eingeschätzt habe, ist er wohl doch nicht.

Abends machen wir uns auf die Suche nach einem Restaurant, in dem man ein günstiges Menü bekommen kann. Unser Hunger nagt. Ein Angebot fällt uns ins Auge: *Plato Gigante* - Riesenportionen von allem für 20 Euro, Essen satt für zwei Personen. Das Menü besteht aus einem Kilogramm gebratener Hühnerschenkel, einem Kilo frittierter Kartoffelecken, dazu wird es eine große Schüssel Salat serviert, in Öl gekochter *Chorizo* - die scharfe Wurstspezialität -, ebenso enthalten sind ein Korb mit Brot und eine Flasche Rotwein. Unser Riesen-Appetit wird immens, wir suchen uns einen Platz und bestellen das angebotene Menü.

Nach einer halben Stunde kehrt die Bedienung zurück und schleppt schwer an einem Tablett, das länger als der Tisch ist. Die Bezeichnung ›gigantische Platte‹ für das Menü war nicht übertrieben. Der Kellner fragt, ob er ein Foto von uns mit dem Essen aufnehmen dürfe, womit wir natürlich einverstanden sind. Vielleicht waren wir besonders attraktiv, vielleicht sind wir die Ersten, die das Menü bestellt haben.

Nach dem reichhaltigen Essen, zurück bei der *Fiesta* und auf der Suche, wo man noch Bier bekommen kann, fällt mir ein Stand ins Auge. Dort bedient eine Dame, die als Kleid einen *Surcot* im Mittelalter-Nostalgie-Stil trägt. Eine *galicische* Schönheit mit einem langen blonden Zopf. Eine Erscheinung wie die leibhaftige Reinkarnation der Göttin Venus - die auch eine entsprechende Figur besitzt, besonders betont durch das Decolleté ihres Kostüms.

Ich schlage vor: wir gehen zu diesem Stand, um uns ein paar Drinks zu genehmigen - Paolo überlegt nicht lange und wir bestellen bei dem edlen Fräulein zwei Bier. Wir stellen uns mit Namen vor und erzählen über uns, dass wir Pilger auf dem Weg nach *Finisterre* wären. Darauf entgegnet die Blondine freundlich, ihr Name sei Martha und erzählt uns, dass sie schon den vierten Tag für diese *Fiesta* arbeite - die ersten zwei Tage in einer anderen Stadt, jetzt zwei Tage hier. Und sei froh, wenn sie bald ausschlafen könne.

Während wir ein Bier nach dem anderen und abwechselnd Likör trinken, ist jemand damit beschäftigt, Fotos von ihr aufzunehmen - ein älterer Spanier, der von ihrem Anblick‹ gefangen zu sein scheint. Dabei bittet er sie darum, immer wieder eine neue Pose einzunehmen - etwas genervt entspricht sie den Bitten, betont jedoch immer wieder: »la ultima!« - das letzte Foto bitteschön jetzt. Der Spanier lässt sich nicht abbringen, knipst ein Bild nach dem anderen. Nebenbei erzählt er uns: das einzige Wahre, damit solche Bilder gelängen, sei seine alte Kamera, bei der man Fotos noch aus Zelluloid-Filmen entwickeln müsse.

Ein Foto mit ihr zusammen hätte ich auch gerne. Ich schicke Paolo vor, mit dem Vorschlag, ich könne ja ein Bild vom ihm und Martha aufnehmen und er eines von mir und der blonden Schönheit - ein nettes Erinnerungsfoto, mit dem ich später angeben kann. Wir verabschieden uns dann recht bald, um zeitig, eine halbe Stunde vor Mitternacht, vor Torschluss bei der Herberge zu sein. Wir schwärmen auf dem Rückweg noch von *Bella Martha*.

Dem Tode nah

3. September, Negreira → Olveiroa

Am nächsten Morgen habe ich Probleme mit der Verdauung und suche die Örtlichkeiten auf - einmal, ein zweites Mal. Jemand kommt in den Waschraum geeilt und rüttelt verzweifelt an der Tür zu meiner Kabine. Eine Sekunde später höre ich ein lautes Gurgeln im Waschraum davor. Als ich herauskomme, sehe ich meinen italienischen Mitpilger vor einem bis zum Rand gefüllten Waschbecken. Paolo hatte eine Variante des Wunders von *Santo Domingo de la Calzada* vollbracht - nur dass das Huhn vom Vorabend mittlerweile schon weitgehend verdaut war und dessen Flug schon im Waschbecken endete. Die arme Putzfrau. Sie wird wohl einen gehörigen Schrecken bekommen, wenn sie dieses Wunder zu sehen bekommt.

Mit bleichem Gesicht ächzt er: »Sorry!«. Zwar hatten wir geplant, gleich zur nächsten Etappe aufzubrechen, aber unter den veränderten Umständen entscheiden wir uns, noch eine Weile auszuruhen. Nach einer Stunde setzen wir uns an die Frühstücksbar zu einem Kaffee. Paolo meint, er fühle sich zwar nicht ganz gut, es ginge aber so halbwegs - wir könnten uns jetzt auf den Weg machen.

Einige Zeit wandern wir vorwärts, im nächsten Dorf an einem typischen galicischen Doppelkreuz vorbei. An diesem Kreuz hängt nicht nur Jesus, sondern auch Maria auf der Rückseite. Das beweist: in *Galicien* hatte man sich schon im Mittelalter Gedanken zur Gleichberechtigung der Frauen gemacht. Als wir den Ort hinter uns gelassen haben, nimmt mein italienischer Mitpilger mit bleichem Gesicht einen Schluck Wasser zu sich, ist aber erfolglos, diesen im Magen zu behalten. Ein paarmal unternimmt er einen neuen Versuch, Wasser zu sich zu nehmen, aber vergeblich - mühsam und unter ständigem Würgen plagt er sich vorwärts.

Einige Pilger überholen uns und schauen uns mitleidig an. Eine Australierin, die wir morgens beim Frühstück getroffen haben, fragt, ob alles in Ordnung sei. Wir versuchen, sie zu beruhigen: es würde schon irgendwie gehen. Immer wieder würgend - nach wenigen Metern wirft Paolo endgültig das Handtuch. Hier, auf der Wiese neben dem Weg, müsse er sich jetzt hinlegen und schlafen. Und ich solle alleine weiterwandern, da ich nur drei Tage Zeit bis zum Rückflug habe. Äußerste Bedenken kommen mir, ihn in dem Zustand alleine dort liegen zu lassen. Er besteht jedoch darauf, dass ich meinen Weg fortsetze. Wenn er sich etwas erholt haben wird, sagt er ächzend, würde er sich in die nächste Herberge begeben - im nächsten Ort, *Vilaserio*, der wäre nur zwei Kilometer entfernt. Und weist mich vehement fort: »Geh!«

Minuten später bin ich wieder unterwegs, aber mit einem sehr schlechten Gewissen und alleine. Wenn mein Begleiter, dort auf der Wiese liegend, elendig krepiert? Wenn er jetzt am Ende seiner Pilgerreise stirbt - dort, wo ich ihn alleine zurückgelassen habe?

Einen Tag vorher hatte er von einer Legende erzählt: ein Pilger, der auf der Wallfahrt nach Santiago umkommt, würde direkt in den Himmel aufsteigen. Das würde ich ihm wünschen.

Viele Pilger haben den Wunsch, nach ihrem Tod am Jakobsweg bestattet zu werden - daher sieht man häufig Grabmale am Wegesrand.

Vielleicht wird hier bald der Grabstein meines italienischen Begleiters stehen. Und ich werde ihn besuchen, wenn ich wieder auf diesen Pilgerweg zurückkehre, einen Kranz ablegen mit einem Trauerflor, beschriftet mit dem spanischen Pilgergruß: »Buen Camino!« - Gute Reise.

Oder wäre ein Trauerflor passender mit dem Slogan des T-Shirts, das er zuletzt getragen hatte: »Sin dolor no hay gloria« - ohne Schmerz kein Ruhm? Nein, lieber nicht.

Bald komme ich durch das nächste Dorf, *Vilaserio*, in dem sich die Herberge befindet. Ob er es bis dorthin schaffen wird? Hoffentlich sehe ich ihn am Ende des Weges wieder.

Auf dem ganzen Weg nach Santiago hatte der Heilige Jakobus die schützende Hand über uns gehalten. Ich bin zwar nicht abergläubisch, aber dieser Gedanke kommt mir in den Sinn, nachdem der Weg nach *Finisterre* eine so dramatische Wendung genommen hat.

Gerade jetzt, nachdem wir uns besser angefreundet haben, wäre Paolo die passende Begleitung gewesen, um ausgiebig zu feiern. Auf dem weiteren Weg werde ich ihn nun vermissen, ebenso wie seinen regelmäßigen Kommentar: »Mmmmh – bella ragazza!«, immer wenn wir einer jüngeren Pilgerin begegnet sind.

Eine Wasserquelle, nicht chloriert, an solchen Brunnen hatte ich jedoch schon dutzende Male meine Wasserflasche gefüllt und nie hatten sich danach Probleme eingestellt. Der koreanische Pilger hatte mir zwar empfohlen, in *Galicien* solle ich immer Wasserflaschen kaufen, denn das Brunnenwasser wäre häufig verunreinigt durch Dünger und Gülle von Feldern. An diesem Brunnen sitzen zwei Spanier, die mir zurufen, das Wasser wäre sehr gut und genießbar.

Also brauche ich keine Bedenken zu haben, hier meine Trinkvorräte aufzufüllen.

Nach einigen Kilometern, die mir recht anstrengend vorkommen - zudem ist es am Nachmittag recht heiß geworden - bemerke ich an einer Brücke, dass schon das Ziel ausgeschildert ist: *Olveiroa*. Und endlich eine kleine Bar, bei der ich mich ausruhen kann. Ich habe Durst auf etwas anderes als Wasser und besorge mir daher eine Cola. Als ich diese geleert habe, fühle ich ein Stechen im Magen und mein Hals beginnt zuzuschwellen. Vielleicht war es keine gute Idee, in der Nachmittagshitze ein eisgekühltes Getränk zu mir zu nehmen? - mit zunehmenden Magenschmerzen setze ich meinen Weg fort.

Ein anstrengender Schlussmarsch und ich erreiche die Herberge in *Olveiroa*. Diese besteht aus mehreren zu Schlafsälen umfunktionierten Ställen. Am Empfang hängt ein Zettel mit dem Hinweis, man solle sich ein Bett selbst aussuchen, der *Hospitalero* würde abends wegen der Registrierung erscheinen. Mir sagt eines im Pferdestall am meisten zu - im oberen Stockwerk, dort, wo sich früher der Heuschober befand. Als Nächstes begebe ich mich in den Garten, um meine Siebensachen zu waschen und auf die Leine zu hängen.

Danach bin ich völlig erschöpft und lege mich in den Schlafsaal. Da dieser ziemlich kühl ist und ich zu frieren beginne, begebe ich mich zurück nach draußen und lege mich auf einen Stein in die pralle Sonne. Ich friere immer mehr, bekomme Schüttelfrost, habe starke Magenschmerzen und fühle mich mit der Zeit zunehmend elend, sehe alles nur noch verschwommen.

Gutgelaunte Pilger laufen an mir vorbei. Ich hoffe, keiner spricht mich an. Ich fühle mich nicht mehr in der Lage, auf irgendjemand oder irgendetwas zu reagieren. Wie gelähmt liege ich in einer Ecke und frage mich: wie soll ich den Abend in diesem Zustand überstehen? Mir wird schwarz vor Augen, mein Magen signalisiert mir, schleunigst die sanitären Einrichtungen aufzusuchen. Halb benommen begebe mich schwankend dorthin, sehe kaum noch etwas und hangele mich an der Hauswand entlang.

Einige Zeit später wundere ich mich, wie viel Wasser in meinem Magen Platz gefunden hat: 4 Liter mindestens, möglicherweise 6 Liter. Alles, was ich an dem Tag zu mir genommen habe - auf Essen hatte ich den ganzen Tag keinen Appetit bekommen. Das erklärt auch meinen Zustand. Das ganze Wasser hatte sich nutzlos im Magen gesammelt, deswegen bin ich auch stark dehydriert.

Die Magenschmerzen haben etwas nachgelassen und ich lege mich noch zwei Stunden in die Sonne. Danach fühle ich mich halbwegs gesellschaftsfähig und bin in der Lage, wieder unter die Lebenden zu treten.

Abends im Schlafsaal bin ich in Gesellschaft einer Pilgerin aus Portugal, einer aus Spanien und einer aus Dänemark - in dem Stockbett über mir hatte ich zuvor einen Reiseführer gesehen und beim Lesen des Titels vermutet, dass es sich um eine skandinavische Sprache handeln würde. Die Dänin erzählt, sie wäre eigentlich mit ihrem Mann unterwegs, der jedoch am Vortag bei dem Fest in *Negreira* hängen geblieben wäre. Er hätte abends, die ganze Nacht durch und auch am frühen Morgen gesoffen, daher wäre sie ohne ihn aufgebrochen. Immer wieder klingelt ihr Handy, wahrscheinlich ist es ihr Mann, der jede halbe Stunde ankündigt, in ein paar Minuten würde er hier ankommen.

Zunehmend entwickelt sich die Situation zur Komödie und für eine Weile kann ich die Einschränkungen durch meine Magenprobleme etwas verdrängen, als die Dänin weiter ausführt, den Jakobsweg hätte ihr Mann nur unternommen, um bei jeder Gelegenheit zu saufen und bei jeder Fiesta dabei zu sein, sich immer wieder die Kante zu geben.

Die Portugiesin bekommt immer häufiger einen Lachanfall, wahrscheinlich weil sie eine genauere Vorstellung von dem bekommt, der später erscheinen wird: neun Uhr abends taucht ein über 2 Meter großer Riese im Schlafsaal auf, die Dänin setzt gerade an mit der Vorstellung: »Dies ist mein Mann«, als dieser sich geräuschvoll einiger Körpergase entledigt und sich köstlich über seinen eigenen Scherz als Begrüßung amüsiert. Die Dänin steht nun versteinert neben ihm und zieht eine Grimasse.

Nachdem er von dem Fest in *Negreira* mit Begeisterung berichtet hat, schweift der Däne ab zu den Wikingern, welche die weitesten Pilgerreisen ihrer Zeit unternommen haben sollen. Dazu merke ich an, die Wikinger hätten zwar den Versuch gestartet, Santiago mit ihren Drachenschiffen auf dem Seeweg zu erreichen, sich aber verirrt und wären stattdessen in Nordamerika gelandet.

Ihren Reiseführer hatte die dänische Pilgerin in der oberen Hälfte meines Stockbettes platziert, um das Bett für ihren Mann freizuhalten. So ist es üblich: man wählt ein Bett und legt einen persönlichen Gegenstand darauf, um den ausgesuchten Platz zu reservieren.

Als der Riese später am Stockbett hochsteigt und das Bett über mir einnimmt, quietscht und kracht das Gestell beängstigend. Die ganze Nacht über, mit flauem Magen, fühle ich das instabile Stockbett schwanken - jede der Bewegungen des Riesen über mir wirkt sich aus wie ein Erdbeben. Hoffentlich hält der Metallrahmen das Gewicht des drei-Zentner-Menschen aus. Was passieren würde, wenn das obere Bett herunter brechen sollte - daran darf ich gar nicht denken.

Das Ende der Welt ist nah

4. September, Olveiroa → Finisterre

Der Gedanke an die Bedrohung von oben hatte mich die ganze Nacht beschäftigt. Und mein Magen. Und die Frage, ob ich diese Nacht überleben werde - eine schlaflose Nacht. Es ist nicht immer schön, Pilger zu sein.

Langsam wird es hell, ein Pilger nach dem anderen bricht auf - was ich weitgehend nur an Bewegungen von Schatten wahrnehme. Ich habe ein tiefgehendes Bedürfnis, einfach nur liegenzubleiben und mich auszuruhen. Erinnern kann ich mich an weitere Ereignisse kaum. Irgendwann habe ich die Herberge mutmaßlich als Letzter verlassen.

Jetzt bewege ich mich wieder vorwärts – nicht ganz geistesgegenwärtig - über einen mit Heidekraut bewachsenen Bergrücken und mache bald am Horizont die ersten Ausläufer des Ozeans aus. Ein paarmal atme ich tief durch. Die leichte Brise, die frische Luft in der Nähe des Meeres haben eine belebende Wirkung. Nach und nach komme ich wieder zu mir und realisiere, wo ich mich gerade befinde: ich bin auf dem Weg an das Ende der Welt.

Bald beginne ich mir der letzten Tage bewusst zu werden: wie ich gewandert bin und ein paar Tage in Santiago gefeiert habe. Jetzt bin ich auf dem Weg zum westlichsten Punkt der spanischen Küste, in der Nähe des Ozeans. Nur - was ist die letzten Tage passiert? Ich bin nicht alleine dorthin aufgebrochen, kommt mir in Erinnerung. Aber wo sind jetzt die anderen? Vielleicht sind sie vorausgegangen und ich werde sie später wiedersehen? Mir fällt es sicher wieder ein - wenn ich wieder klar denken kann. Hoffe ich.

Am Horizont kann ich schon den Atlantik und ein paar Strände sehen - ein kurzer emotionaler Moment. So weit bin ich niemals zuvor bis zu einem Strand gelaufen. Mehr als vier Wochen. Eine Weile führt der Weg abwärts, danach in eine Stadt - auf der Terrasse eines Fast-Food Restaurants könnte ich ja eine Pause einlegen, die käme jetzt gerade recht. Nach meiner Einschätzung bräuchte ich etwas Nahrung, um Energie zu gewinnen. Appetit habe ich keinen.

Ein Flyer schlägt ein Angebot vor: Burger und Getränk als preiswerte Kombination - das bestelle ich. Nach dem ersten Bissen in den Frikadellen-Burger frage ich mich, ob dieser wirklich einen so entsetzlichen Geschmack hat, oder ob dies daher rührt, dass ich noch Bauchkrämpfe habe. Woraus, überlege ich, könnte der Burger bei diesem Geschmack hergestellt sein? Den ersten Gedanken, der mir in den Sinn kommt, wische ich schleunigst beiseite und versuche, mir gar nichts darunter vorzustellen und alle Geschmackssinne auszuschalten - wahrscheinlich sind sie durch Koli-Bakterien beeinträchtigt. Egal. Hauptsache Kalorien.

Nach einiger Zeit habe ich es geschafft, raffe mich erschöpft auf, zahle dem Kellner die Rechnung - jetzt muss ich weiter, habe zwar noch Schüttelfrost, bin noch am Kämpfen mit dem Frikadellen-Burger, der versucht, einen Weg ins Freie zu finden. Ich muss weiter und brauche unbedingt ein Bett.

Der Pfad verläuft entlang der Küste, ich erreiche einen Sandstrand. Jetzt endlich bin ich am Meer angekommen, ziehe meine Schuhe aus und gehe barfuß ein Stück den Strand hinunter zum Wasser. Dort könnte ich die Füße abkühlen. Bei jedem Schritt habe ich das Gefühl, im Treibsand zu versinken - nach vielleicht nur 10 Metern kehre ich um und ziehe meine Schuhe wieder an. Strand und Meer scheinen ihren Reiz verloren zu haben, wenn man einige Wochen auf einer Reise in die Vergangenheit unterwegs war, aus fast allen Ländern Pilger kennengelernt und mit ihnen ausgiebig abends gefeiert hat. Und zeitweise das Gefühl hatte, fliegen zu können.

Im Moment kann ich nichts genießen – durch die schweren Nachwirkungen der Magenverstimmung und den Unwägbarkeiten der vorigen Nacht brauche ich nur eines: Schlaf. Aber nicht hier, der grellen Sonne ausgesetzt. In der Hitze kann ich mich nicht erholen.

Die letzten Meter schleppe ich mich nur noch mühselig voran. Schon lange bin ich auf dieser Halbinsel am Ozean unterwegs, trotzdem scheint der Weg sich noch ewig hinzuziehen. Endlich: *Finisterre!* Es ist eine touristische Stadt mit zahlreichen Bars, Restaurants und Herbergen. In Galicisch wird der Name des Ortes anders geschrieben: ›Fisterra‹. Ich ziehe aber die spanische Schreibweise für das Ende der Welt vor, um die Verwechslung mit ungewöhnlichen Fetisch-Praktiken zu vermeiden.

In der ersten Herberge am Weg melde ich mich an. Einen Moment später finde ich mein Bett, falle halb ohnmächtig hinein und befinde mich kurz darauf in tiefem Schlaf, einer Totenstarre ähnlich.

Wie lange ich geistig weggetreten war, kann ich nicht mehr nachvollziehen, als ich von lautem Lärm geweckt werde. Ich beginne, mich zu räkeln. Langsam wird mir bewusst: es ist mein Mobiltelefon, das diesen Lärm verursacht! Es scheint schon längere Zeit geklingelt zu haben, da einige Pilger im Schlafsaal ein mürrisches Gesicht ziehen, andere den Kopf schütteln oder dezent schmunzeln, als ich auf mein Handy reagiere. Anruf von meiner Mutter, die sich erkundigt, wie es mir geht. Ich erzähle: alles bestens, und dass ich heute in *Finisterre* angekommen wäre.

Da ich jetzt wach bin und halbwegs erholt, gehe ich zu einem Supermarkt und besorge mir ein Bier – etwas zu essen bin ich nicht imstande. Solange die Sonne nicht untergegangen ist, will ich mich noch in den Herbergsgarten setzen. Nehme ich mir vor - und öffne die hintere Tür zum Hof. Laut gackernd flüchten vor mir einige Hühner. Ich werfe einen Blick in den Garten, der aus kahlem Erdboden besteht, in dem noch weiteres Federvieh umher läuft. Darüber ist eine Wäscheleine gespannt. Auf dieser Leine werde ich meine Kleidung ohne Wäscheklammern mit Sicherheit nicht zum Trocknen aufhängen - wenn etwas davon herunterfällt, wird es sicher gleich zum Nestbau verwendet. Die Idee mit dem Garten verwerfe ich und mache es mir stattdessen beim anbrechenden Abend im Gemeinschaftsraum gemütlich, wo sich auch die Küche befindet. Eine sehr attraktive blonde Pilgerin begrüßt mich dort gut gelaunt und stellt sich vor - sie heiße Doro, stamme ebenso aus Deutschland und erzählt, sie käme aus der Nähe von Bremen.

Gerade beginnt sie ihre Essensvorbereitungen für Spaghetti mit Tomatensauce, und zwar beides in einem Topf - dabei muss ich zugeben, dass sie sich vorher erkundigt hatte, ob ich die beiliegende Beschreibung zur Zubereitung des Fertiggerichts in Spanisch verstehen würde. Zwar war ich mit der Übersetzung überfordert, anhand der ergänzenden Piktogramme hatte ich aber zu verstehen gemeint, dass Spaghetti und Soße zusammen in einem Gefäß gekocht werden sollen. Komisch fand ich das aber auch.

Wenige Minuten, nachdem Doro den Topf auf den Herd gesetzt hat, erscheint die Herbergsverwalterin und verkündet, es wäre jetzt 22 Uhr, Feierabend und in der Küche müsse jetzt der Strom abgeschaltet werden.

Am Ende der Welt

5. September, Finisterre

Für den Morgen hatte ich mich mit Doro verabredet, wir wandern zu zweit die letzten 3,5 Kilometer zu den Klippen, zum Leuchtturm und an das Ende der Welt. Unterwegs immer wieder eine Pause, um Fotos aufzunehmen, Bilder von uns bei der ersten Pilgerstatue. Vor einem Steinkreuz. Vor dem Leuchtturm. Mit dem 0-Kilometer-Meilenstein im Hintergrund.

Ein Südafrikaner erscheint, Rudolf, den Doro unterwegs kennengelernt hat - wir nehmen mit ihm noch ein paar Fotos mit uns vor den Klippen auf. Zu zweit, zu dritt, danach setzen wir uns in das Gebäude des Leuchtturms und nehmen einen Kaffee zu uns, während ständig das Handy des Südafrikaners klingelt. Erst ignoriert er die Anrufe und erklärt, warum: es wäre Werbung seines Mobilfunkproviders für einen neuen Tarif, da sich bei ihm diesen Monat über 300 Euro Kosten für Telefongespräche in seine Heimat angehäuft hätten.

Nach unzähligen Malen nimmt er doch noch den Anruf entgegen und brüllt in sein Handy: dieses Gespräch würde ihn sehr viel Geld kosten, da er sich im Moment in Europa befände. Das wiederholt er ein paarmal und erklärt, es wäre für ihn sehr teuer, wenn sie ihn immer wieder anrufen.

Viele Minuten später und nach zahlreichen Wiederholungen seiner Beschwerde hat der Mobilfunkanbieter das erreicht, was er wollte: Geld verdienen.

Auf dem Rückweg erreicht Doro ein Anruf auf ihrem Handy. Sie erzählt nach dem Gespräch: eine Freundin von ihr hätte sich gemeldet und würde heute ankommen. Eine Pilgerin, die mit ihrem Hund und einem Fahrrad unterwegs sei. »Doch nicht etwa Jenny?«, frage ich direkt. »Ja«, bestätigt meine Begleiterin.

Zurück in der Herberge - eine Australierin, die wir in *Negreira* getroffen haben und Verena, eine deutsche Pilgerin, die ich zwei Wochen zuvor in *el Ganso* kurz kennengelernt habe, kommen an.

Ein wenig später taucht auch eine Pilgerin mit einem Fahrrad auf, mit dem sie ihren riesigen Rucksack transportiert, begleitet von einem Schäferhund - Jenny! Oft hatte ich mich gefragt, wie es ihr auf der weiteren Wanderung ergangen wäre, nachdem die Umstände eher dagegen gesprochen hatten, dass sie bis zum Ende durchhalten würde. Das überraschende Wiedersehen vier

Wochen später, ist ein so außergewöhnliches Ereignis - *der Jakobsweg eben,* denke ich bei mir, ist es, der seine eigenen Geschichten schreibt.

Das aus Dänemark stammende Paar folgt kurz darauf, unterwegs haben die Beiden Jenny wohl ebenso kennengelernt. Eine ungewöhnliche Szene ergibt sich, als der fast doppelt so große dänische Riese sie mit einer Umarmung begrüßt.

Zum Schluss - mir fällt ein Stein vom Herzen - trifft Paolo, der italienische Pilger ein. Wohlauf. Oder vielmehr, wiederauferstanden. Er hat die Wanderung an das Ende der Welt überlebt.

Als Abendprogramm planen wir, den spektakulären Sonnenuntergang beim Leuchtturm auf den Klippen ausgiebig zu feiern. Jemand müsste den nötigen Proviant besorgen. Die Aufgaben haben wir schnell und gerecht unter uns aufgeteilt: Doro, Verena und die Australierin machen‹ sich auf den Weg zum Supermarkt, um Snacks und Getränke zu besorgen, während die männlichen Pilger in der Herberge warten sollen. Wir warten und warten - keine von ihnen taucht wieder auf.

Nach einiger Zeit beginnt die Zeit, knapp zu werden, da wir zu Fuß fast noch eine Stunde zum Leuchtturm benötigen. Den Sonnenuntergang wollen wir auf keinen Fall verpassen. Da die Pilgerinnen nach vielen weiteren Minuten immer noch nicht zu sehen sind, gab es wohl ein Missverständnis - Paolo, ich und ein zweiter Italiener, der sich uns angeschlossen hat, entscheiden sich zum Aufbruch.

Auf dem Pfad entlang der Bucht, aufwärts zum Leuchtturm, sind zahlreiche Gruppen unterwegs. Nachdem wir am Leuchtturm vorbeigekommen sind, suchen wir die Klippen ab. Dort sehen wir die anderen, die gerade Chips vertilgen und Bier trinken. Wir sind erleichtert - wir hatten wohl etwas falsch verstanden und sie waren vorausgegangen.

Rund um den Leuchtturm ist die Klippe bevölkert mit Menschen, die - während die Sonne sich dem Horizont nähert - das Ende der Welt mit Wein, Bier und Knabbereien feiern. Und palavern, Fotos aufnehmen oder singen: »Somewhere on the Camino«. Paolo dreht noch aus Papier, Tabak und schwarzem Pulver etwas, das er als ›Uno Cannone‹ bezeichnet. Er inhaliert etwas davon und reicht es weiter an die anderen Pilger.

Ob der Sonnenuntergang selbst spektakulär war? Ich war abgelenkt und hatte den eigentlichen Moment verpasst. Langsam beginnt es dunkel zu werden.

Ein starker Wind kommt auf und wir beginnen zu frösteln. Die Feier mit Getränken und Chips bei Sonnenuntergang hatten wir zwar sehr genossen, jetzt beginnt es jedoch ungemütlich zu werden auf den Klippen. Starke Windböen fegen zwischen uns hinweg. Ein paar Pilger hatten zwar vorher angekündigt, dass sie - wie es Tradition wäre - ihre T-Shirts verbrennen würden. Dazu kommen sie aber nicht mehr. Wir flüchten von den Klippen und begeben uns in den Windschatten jenes Holzgebäudes, das tagsüber ein Platz für Souvenirhändler ist.

Jenny ist verschollen. Außergewöhnliche Strapazen hatte sie überstanden - jetzt wird sie hoffentlich nicht hier, bei den Klippen, ihr Ende gefunden haben ... wir befürchten das Schlimmste. Hysterisches Rufen folgt: »Jenny! Jenny!!« - was mich in dem Moment an das tragische Lied ›Jeanny‹ von Falco erinnert. Einige Zeit später - wir hatten in der Zwischenzeit mit dem übrigen Wein weiter gefeiert - taucht sie als Schatten in der Dunkelheit auf. Wir sind erleichtert. Sie fragt nach einer Taschenlampe, denn sie müsse zurück in die Unterkunft, nach Duke schauen, ihrem Hund. Wir bleiben noch eine halbe Stunde bei dem Holzhäuschen, bis alle im eisigen Wind frösteln und die letzten Weinreserven aufgebraucht sind.

In der Herberge versuchen wir, so leise wie möglich zu unseren Betten zu schleichen. Was uns wegen unserer guten Laune und da in dem dunklen Schlafsaal viele Betten im Weg stehen, nicht ganz gelingt.

Himmelfahrt

6. September, Abreise von Finisterre

Zeit für die Heimreise. Beim Packen meines Rucksacks wird Paolo auf dem Bett über mir kurz wach. Unter Tränen umarmen wir uns zum Abschied - viele Höhen und Tiefen haben wir in der kurzen Zeit zusammen erlebt. So entstehen gute Freundschaften.

Um frühzeitig vor dem Abflug beim Flughafen zu sein, gibt es nur die Möglichkeit, den ersten Bus morgens um 8 Uhr zu nehmen - während viele noch tief und fest schlafen. Von den meisten Pilgern kann ich mich nicht mehr verabschieden.

Vor der Herberge höre ich, wie sich eine deutsche Pilgerin beschwert: spät in der Nacht oder eher früh morgens wären viele nicht ganz nüchterne Leute aufgetaucht und wären laut lachend durch den Schlafraum gestolpert. Den Rest der Nacht hätte sie selbst innerlich so lachen müssen über solch schlechtes Benehmen, dass sie kein Auge mehr zudrücken konnte. Da sie es mit Humor zu nehmen scheint, gebe ich stolz zu: »Das waren wir!«

Knapp schaffe ich es rechtzeitig zum Bus, sehe dort schon Verena, die den gleichen Rückflug gebucht hatte und setze mich dazu. Die Fahrt über mehrere Stunden auf dem gleichen Weg zurück kommt mir unendlich lang vor. Ich kann mich gar nicht entsinnen, dass der Weg zu Fuß so weit gewesen wäre.

Wenn man sich an das Wandern gewöhnt hat, kommen einem die Entfernungen viel kürzer vor und man blendet die wenig abwechslungsreichen Wegstrecken aus. Vielleicht fehlen mir in der Erinnerung auch einige Teile des Weges.

Beim Zwischenstopp in Santiago besorge ich Souvenirs und begebe mich danach zur Busstation, von der ein Shuttle zum Flughafen startet. Gut, dass ich noch eine Pilgerin auf dem Rückflug als Begleitung habe, mit der ich mich unterhalten kann. Und ich muss mich nicht so abrupt vom Pilgerleben verabschieden.

Beim Rückflug komme ich mir fremd vor - fast alle Reisenden unterhalten sich in Deutsch -, als würde ich mich in einem unwirklichen Land befinden, in dem statt verschiedener Sprachen nur noch eine gesprochen wird.

Links neben mir sitzt ein älteres Ehepaar, das sich nicht mehr viel zu sagen hat. Den einzigen Dialog auf dem Flug höre ich, als die Frau aus dem Fenster schaut und fragt: »Wo sind wir denn gerade?«, worauf ihr Mann antwortet: »Im Flugzeug.«

Vielleicht war die Rückreise auf moderne Art, auf der Höhe des Himmels und mit hoher Geschwindigkeit für meinen Geist zu schnell, um folgen zu können. Jedenfalls ist dieser noch auf dem Jakobsweg geblieben und wird noch die nächsten Monate dort bleiben.

Ich werde zurückkehren. Bevor sich das Jahr dem Ende zuneigt.

Michael Sohmen

Eine fatale Winterreise:

Auf dem Jakobsweg durch die weiße Hölle

Das Winterabenteuer auf dem
Camino Primitivo
Der älteste Pilgerweg nach
Santiago de Compostela

Ein etwas anderer Bericht vom Jakobsweg.

Erste Pilger waren schon im 9. und 10. Jahrhundert aufgebrochen, nahmen die Wanderung durch die gebirgige Landschaft im Nordwesten Spaniens auf sich, überwanden hohe Pässe mit dem Ziel *Santiago de Compostela*.
Die *Kleine Schweiz* nennen Spanier diese wilde Region, über der sich die majestätischen Gipfel der *Picos de Europa* erheben.

Ruhelos, geistig noch auf dem *Camino Francés* und ständig mit dem Gedanken befasst zurückzukehren, hatte ich mir vorgenommen, noch vor Jahresende eine weitere Tour zu unternehmen.
Vom Wintereinbruch überrascht, entwickelt sich der Marsch im Schneesturm über tiefverschneite Bergpässe zum Alptraum.
Willkommen in der weißen Hölle!

Michael Sohmen

Satirischer Roman:

Winfried
von Franken

Ein Investmentbanker wird zum Kreuzritter

Eine Geschichte über einen Menschen wie ihn jeder kennt, der als
Investmentbanker in Frankfurt täglich seinen Frust ins Büro mitbringt und
wieder nach Hause schleppt.
Winfried.
Eines Tages erkennt er sein wahres ICH.
Mit *Winfried von Franken* erwacht der legendäre Ritter von der traurigen
Gestalt wieder zum Leben. Auf unbekannter Mission zieht er in den
Kreuzzug, um sich einer unbekannten Aufgabe zu stellen.
Im dichten Morgennebel erscheint eine Gestalt auf der Frankfurter
Mainbrücke. *Winfried von Franken* – ein Kreuzritter und Held. Gekleidet in eine
eigentümliche Rüstung, die er selbst zusammengestellt hat, trägt er ein
markantes Zeichen, das seinen Helm ziert: ein rot leuchtender
Gummihandschuh, das Symbol eines Hahnenkamms, der seine Heimat
Frankfurt-Gallus repräsentiert.
Der Held ruft alle Götter des Himmels an. Keiner antwortet.
Vor 900 Jahren waren es Tausende. Winfried ist allein. Ein einsamer Held, der
in den Nahen Osten zieht und das Schicksal der Welt in die Hand nimmt. Bald
schließt sich seinem Kreuzzug ein Knappe mit dem Namen Sancho an, in
Wahrheit sein arbeitsscheuer Ex-Arbeitskollege Waldemar, der zu schwarzem
Humor und Jähzorn neigt und keine Gelegenheit auslässt, Unheil zu stiften.
Als Knappe an der Seite des Kreuzritters lässt er nun seiner sadistischen Ader
freien Lauf und verwirklicht seinen Traum, die Abenteuer seiner Kindheit, die
abrupt ein blutiges Ende gefunden hatten, fortzusetzen.
In Gestalt der zwei Helden sucht das Chaos seinen Weg.

143

Michael Sohmen

Schwarzhumorige Science Fiction:

Sie ist wieder da

(Sie war dann man weg)

Die Europäische Union ist gescheitert und der Kontinent Jahrhunderte in seiner Entwicklung zurückgefallen.
Aus der ehemaligen Bundesrepublik sind drei neue Staaten entstanden.

Das Experiment Euro ist Geschichte.
Nach der endgültigen Staatspleite wurde Griechenland von der Türkei annektiert.

Ein Vierteljahrhundert ist vergangen und die einstige Kanzlerin Merkel erwacht aus einer lang anhaltenden Bewusstlosigkeit.
Und sie wird mit einer neuen Realität konfrontiert …

Willkommen im Jahr 2050!